日日是美日

女性的美学生活

刘洋 著

漓江出版社
·桂林·

图书在版编目(CIP)数据

日日是美日：女性的美学生活 / 刘洋著. -- 桂林：漓江出版社, 2022.2（2024.8重印）
ISBN 978-7-5407-9167-4

Ⅰ.①日… Ⅱ.①刘… Ⅲ.①女性－生活方式－通俗读物 Ⅳ.①C913.3-49

中国版本图书馆CIP数据核字(2021)第236911号

日日是美日：女性的美学生活

RIRI SHI MEIRI:NÜXING DE MEIXUE SHENGHUO

刘 洋 著

出 版 人：刘迪才
责任编辑：符红霞
助理编辑：滚碧月　　封面设计：孙阳阳
内文设计：夏天工作室　　责任监印：黄菲菲

出版发行：漓江出版社有限公司
社　　址：广西桂林市南环路22号
邮　　编：541002
发行电话：010-65699511　　0773-2583322
传　　真：010-85891290　　0773-2582200
邮购热线：0773-2582200
电子信箱：ljcbs@163.com
网　　址：www.lijiangbooks.com
微信公众号：lijiangpress

印　　制：天津画中画印刷有限公司
开　　本：880 mm × 1230 mm 1/32
印　　张：10
字　　数：180千字
版　　次：2022年2月第1版
印　　次：2024年8月第2次印刷
书　　号：ISBN 978-7-5407-9167-4
定　　价：66.00元

推荐序
Foreword

优雅女性的美学人生

徐俐

刘洋女士邀请我为她的新书作序，我欣然应允。

美学生活并非空中楼阁

但凡提到美学，不免令人惶恐；到了哲学的层面，只言片语皆得小心斟酌。若论女性美学生活，我想每个女性，倒是都能论上几句。几千年来的传统，把中国女性都培养成了“生活家”。即便现代社会女性自我意识日益觉醒，大多数女性，在生活中，仍旧扮演着家庭“管家”的角色。因而，不妨认为，女性在美学生活方面，应当拥有更高的话语权。美学并非空中楼阁，打造女性的美学生活，每一位女性，心下都有着自己的图景。

我的美学生活

多年的职业经历，形象管理已经成了我美学生活的一部分。我崇尚优雅，认为女性应当优雅地走过自己的一生。我曾业余学习芭蕾，获益良多，芭蕾舞者亭亭玉立、温文尔雅的美好姿态，使我自信、明朗和健康。

我热衷于旅行，旅行也是我美学生活的一部分。未知的旅行，给了我远离当下的翅膀，让我重启久藏心中的另一个自我。旅途中美好的人和景，是一辈子难忘的礼物；更珍贵的，是旅途中觉醒的另一个我，旅行中的我是美好而开阔的，总能因为接纳未知而收获惊喜。

阅读，我更喜欢称之为“悦读”，是我孜孜不倦的修行，亦是我美学生活的一部分。我固执于阅读有书墨馨香的纸书，因为读书于我是一种缘分，常在手边放一本书，随性读起，倘若有所得、有所悟，即为与书的一场缘分。时光易逝，唯书墨能长年累积，化为美好的“我”的一部分，使我不论年岁，始终因拥有智慧而美好。

唯属于东方的美学生活

不可否认，随着当代全球各地日益紧密地联系，生活方式的多元化已经深入各个角落。我们欣赏北欧“斯堪的纳维亚风格”的简约与实用，惊叹于日式“极简生活”中“侘寂”文化的平和与节制。现在，我们回过头来，重拾东方的美学生活，不仅是一种传承，也是一种探索。

琴、棋、书、画，这些散发着厚重东方底蕴的文化活动，是我们世代沿袭下来的中国美学生活方式。古有雅集，文人雅士吟咏诗文，议论学问，茶、酒、香、花穿插其间，成为一种文雅的集会。东晋有王羲之的“兰亭雅集”，唐朝有让王勃一夜成名的“滕王阁雅集”等。

如何将这些美好的生活方式，融入当今的快生活中，是当代美学生活的新探索。

获取诗意生活的能力

我曾在我的书中写道："美丽永不言弃。它需要自己对自己多一分关心，多一分要求。"看似简单，其实不易。在烦杂喧嚣的日常生活中，优雅女性，需要给自己安排出一个小"角落"，一个自己的园地，让自己习得获取诗意生活的能力。

刘洋女士提供了一种理念，一个范本。或许你并不能把刘洋女性的生活美学理念全部汲取，把她的生活美学生活全部实践，但是，只要让自己走出第一步，就能从中体会到生活之美，从而获得继续探索生活的勇气。我相信，每一位女性，对自己多一分关心，对自己多一分要求，就能掌握经营好自己生活的诀窍。

谨以此文作为刘洋女士新作品之推荐序，祝愿每一位读者，都能活出诗意的人生。

目　录

Contents

向美而生

美物美家

茶事念念

花事素绚

目　录

Contents

雅集雅记

终身成长

美，是女性对自我的关照，是精神世界的丰腴与富庶。感知美，用美学包装自己，用生活美学包裹人生，赢得最好的教养与最荣耀的尊贵。

向美而生

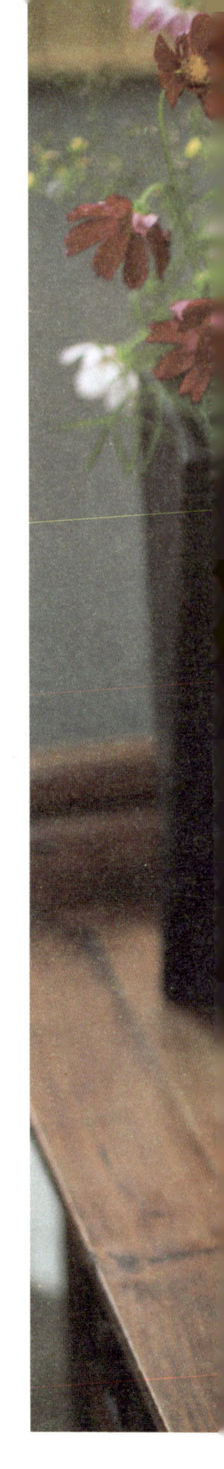

艳秋供图

美，是奢侈的

很多人说，美是奢侈品而不是必需品。

他们觉得：美，是衣服上的绣花，是无关紧要的点缀；美，是博物馆里的经典油画，是属于艺术家的高级“手艺”；美，是文艺青年笔下的文字，是“无病呻吟的矫情”。在你心里，美又是什么呢？

在我看来，美，是一种有意识的心灵滋养。

著名诗人席慕蓉曾说过，“生命的丰饶与深厚，其实是奠立在审美的基础之上”。而没有滋养的灵魂，就像贫瘠土地长出营养不良的庄稼，不但不能呼吸到更自由的空气，不能看到更远处的风景，还会否定生命应有的价值。

公司新来的姑娘，每次跟我出去谈客户都很心急，批评我谈不到核心点，也不太会谈价格。但过了一段时间，她很真诚地对我说：刘老师，我用心听了您与客户的交谈，突然发现自己的浅薄，您的语言非常优美，是一种引导式的美学体验，原来用文化和美学征服对方，才是您的风格。——美，的确奢侈。

在这之前，我确实没有意识到自己在商业谈判方面的薄弱。按照惯性思维，我以为与人对话，是两个灵魂的碰撞，含蓄还是直接，是个人修养和文化趣味的问题，现在看来，“有效率的”往往功利，“无用的”却常常真诚。

可美学是无用的吗？

我在大学里给学生讲艺术史，一边讲一边自我陶醉，颜真卿的行书、倪瓒的山水、明清的园林……自己被美无数次打动；我教学生插花，也总反复强调：“学的不是技艺、插的不是造型，是你对生命的理解，是内心对美的投射与表达。”只有我自己知道，这些看似无用的美学美感，给自己体内积累了多少能量，心有所依，足以对抗人生风雨。美，就这样从眼中一路流淌到心灵，所到之处，留下波光粼粼，胜过各种名贵的补品。——美，的确奢侈。

美学，让人容易感受也容易感动。

如果一个人心中常常会感受到美，那么他所接收到的世界皆美善真诚，这也是家长们培养孩子美学修养的重要原因，谁不希望孩子眼中的世界充满阳光和美好呢？——美，的确奢侈。

同样，我无法理解面对美好而无动于衷的成年人，无法想象他们内心的坚硬和封闭。记得有一年在商场里做花道展览，一个小女孩眼神明亮而好奇地欣赏着不常见的花材和雅致的插花作品，一旁的妈妈却很不耐烦地把她拉走了。我不觉错愕，都说妈妈是孩子的美学启蒙老师，可又怎能期待这样的妈妈可以培养出温柔细腻的女儿？

成年人的世界果然有太多纷扰，割舍了对美的关注，消磨了爱美的天性。——美，的确奢侈。

也许你会说，今天的人们不在乎自己的内心，而更在意自己在别人心中的形象，所以习惯在社交媒体上给自己进行各种人设包装，方式很多，方向统一：上流和尊贵。于是，奢侈品行业的销售快速满足了人们的心理需求。不得不感慨，满身名牌确实是“跻身上流社会”最快捷的包装手段，如果用钱能轻松买来身份，谁又有耐心从内到外一点点地提升呢？但，得体

的举止、优雅的仪态、超凡的气质，是自幼耳濡目染的长期修炼，绝不是靠咬牙跺脚花钱就能负担得起的消费。——美，的确奢侈。

而正如用美瞳只能掩盖空洞，有魅力的眼神必然明眸善睐、含情脉脉。对美的感知而带来的对自身生长和对生活截然不同的姿态，这才是内心高贵者引以为傲的资本，才是最大的奢侈，也是人与人拉开距离层次的关键。若不然，怎么会说“美，是漫长岁月中，人类对生命的理想和终极追求”呢？——美，的确奢侈。

美是极致的理想，生活之中，美又无处不在。对美的追求，就是生活之道。——美，的确奢侈，却不难实现。

按照对物质与精神需求的层次，人类对食物天生兴味盎然，对外表习惯用心经营，对文化向往悉心品味，层层递进。精神需求上，音乐之美可以启迪心灵，美术之美可以陶冶情操，文学之美可以打动情感；物质需求上，自然之美、食物之美、器物之美也都赏心悦目。我们常说“爱美之心，人皆有之”，美的感知，更容易发生在生活层面。

与美相遇，并不一定要去参观画廊、听音乐会、看表演，在生活中践行美学的乐趣、享受美好生活，才更明了生命的意义。

“美悦读”读书会，我带大家一起阅读《积存时间的生活》，这本书是豆瓣评分 9.6 分的电影《人生果实》的原著：英子 87 岁，修一 90 岁，两个年龄加起来 177 岁的老人，以“越来越美丽的人生”为奋斗目标，活得积极、快乐；劳作耕土，呵护农田里的每一株农作物，实现儿时耕种的梦想；依时节交替使用生活器具，感受季节交换的乐趣；享受费时耗工的手工作业，积存时间让生活高贵精致……

修一先生会把劳动工具和田野里的立牌全部统一用黄色油漆，方便查找，也振奋精神；他给各种植物挂上标牌，怕英子奶奶碰到头，特意写上“小心，撞到头会痛”，在樱桃树上的牌子写着“樱桃，英子”，下面画着如少女般可爱的英子奶奶；五月下旬，英子会把拉门换成芦苇门，橱架上的餐具从陶瓷换成玻璃，寝具从羊毛换成亚麻，更换会让屋内的气氛完全改变，心情也随之焕然一新；购买的东西要传给下一代，买东西一定要买自己喜欢的，耐心等待买得起的那一天……好生活不是用钱就可以买到的，要用积存于生活中的热情与美感。

你在生活中品鉴一杯红酒的前世今生，读懂一朵花的语言和表情，泡一壶与四季同芬芳的香茶，用咖啡的香醇周游世界，用对家人的爱精心烹制菜肴，遇见一件美好的事情怦然心动……这都是生活美学的存在。

“美学能成为生活的理想”，只要你想，美是奢侈，却不难实现。

美，是女性对自我的关照，是精神世界的丰腴与富庶。感知美，用美滋养自己，用生活美学包裹人生，赢得最好的教养与最荣耀的尊贵。

美，是幸福的秘籍

每个人对“幸福”有不同的诠释和不同的追逐方向，对大多数人来说，幸福是“美好生活”的向往。美好生活，美是品质，好是状态。

生活不过衣、食、住、行，有美感的品质生活不但可以带给我们良好的精神状态，更能带来心灵的幸福和愉悦。只不过，美的标准和层次不一，很多人想要把日子过得更美，却苦恼不知美从何处而来，甚至有人认为：追求美，就一定要有高预算。其实，有美感的生活不是一蹴而就的，也不是拿钱堆积出来的，而是在生活中一点点修炼出美的心性和美的感受力，享受美带来的幸福感，并把这种幸福感延伸到生活的方方面面中去。

衣之美

服饰向来是女人关注的热点，有的人重视服饰的舒适度，有的人重视服饰的性价比，有的人重视服饰的功能性。我很想探讨服饰的一个重要功能，那就是“让自己看起来更美”！因为女性都有爱美的天性，所以服饰美带给女性的幸福感更直接、更强烈。

回顾服饰美带给我的幸福感，经历过三个不同的年龄阶段。

大学时代看台湾偶像剧，女主角一身黑色连衣裙，把我从少女时代 T 恤牛仔的审美带入女性“轻熟”的魅力中。然后有一天，逛街时看到一条真丝露肩小黑裙，尽管当时似乎并没有什么机会穿，但我依然不管不顾地买下，只为心里认可的闪闪发光的自己。那条小黑裙，是我人生第一次认识到服饰的力量，可以借由服装成为心中梦想的自己。

步入工作岗位后，衣品时好时坏，有时花了昂贵的价格，效果却不尽如人意，总是要伴随着不断的试错和踩坑。终于有一次，有机会学习到关于服饰搭配的专业知识，在老师的帮助下，确定了适合自己的色彩和风格。这让我明白，喜欢的和适合的，

往往并不一致。与其盲目追求流行和时尚，盲目迷信品牌和价格，不如好好了解自己，学习驾驭服饰的美感，更容易穿出自己的特色。

之后又很多年，一次偶然，在朋友的鼓励下尝试了之前很抗拒的“工装风”，突然体会到，其实适合自己的衣服，并不只有一种风格——所有外在的形式，都是为了展现更自信的自己——不需要给自己贴上某种风格的标签，也不要轻易给自己设限，在保持自身本色的同时，欣赏自己“小时尚”“小清新”“小性感”的一面，自信就可以转化成美，而服饰是衬托这种自信和幸福的载体。

张爱玲说“对于不会说话的人，衣服是一种言语，随身带着的一种袖珍戏剧”。我们日常生活中选择的每一件服饰，就是一种自我表达，如何着装，就是如何把自己呈现给这个世界。随着岁月的增长，我们的容貌和身材都会发生变化，但同时，也更加了解自己、宠爱自己。不曾改变的，是对服饰之美的追求、对让自己变得更美的追求。

食之美

美食的目的不只是吃，有时，也会变成一种心情、一种氛围。“蔬饭之间，是闲情，是雅趣。”朋友圈里晒出的美食照片，向来是社交的热门话题，但美食摄影并不简单，从光源开始就要达到专业要求。所以，家庭餐桌的布光也是关键，自然光是最好的，如果家庭布局里没有一个窗明几净的餐厅，至少也要配备暖光源，绝不只为拍出好看的照片。试想一下：精心制作了一桌美味佳肴，放在惨白的日光灯下，色泽和香气都顿时丧失了鲜活，轮到滋味，也就大打折扣。

“美食不如美器”，食与器的搭配也是中华美食的特色之一。复杂的菜品搭配朴素的餐具，简单的菜品搭配华丽的餐具。东方的传统餐具偏向质朴，白瓷、青瓷或是青花，雅洁清丽，更能映衬食材的丰富和烹饪手法的多样。衡量餐厅品级的标准之一就是餐具与菜品的匹配——袁枚先生在《随园食单》里说过的，“宜碗者碗，宜盘者盘，宜大者大，宜小者小，参错其间，方觉生色”。在家如果想要营造美好的饮食氛围，盘、碗、碟、钵虽不需要备太多种类，但至少要配套使用。当然，现代家庭最好配备洗碗机，美食的享受就可以毫无压力地从饭桌延伸到厨房了。

美的细节还来自菜肴的造型。食材的处理，切丝、切片、切块，大小适宜、整齐有序；食材的搭配，红绿相间、黄橙调节；食物的摆盘，主次分明、果蔬衬底、雕花点缀……依我看，赏心悦目这个词应该倒过来，先悦目，才能赏心。心又与胃那么贴近，心满意了，胃也能满意。所以，美食的“美”就是要用眼睛来检验的。

现代人的健康意识越来越强，回归家庭餐桌，是对厨房环境的巨大考验。厨房不仅要干净卫生，在视觉上也要有美感：基调一致，颜色尽量统一，器具收纳摆放整齐。身处有美感的环境，才能享受烹饪的乐趣，而不是简单解决一日三餐而已。

兰晓供图

居之美

中国人对家的感情尤为深厚，我曾经以为，美的居住空间，就是要有艺术性、风格化，什么地中海式、美式乡村、现代工业风等，相信这也是很多人装修新居的出发点。但真正有温度的，不是一个房子，而是一个家，一个由人的情感来连接物品和空间、与生活融为一体的地方。家的美感，不是奢华的装修装饰，也不是悦目的家具家居，而是可以让心灵收获宁静的舒适空间。所以，一个符合自己审美的居住空间，一定是由我们自己的生活喜好和审美决定的，与他人无关，也与专业风格无关。

努力做到不被风格左右，不被花色迷惑，不被价格蛊惑，用心挑选家里的每一件器具，并在日常的生活中，努力整理、维护它们的风采。日本畅销书《怦然心动的人生整理魔法》告诉我们，整理就是“只留下让你怦然心动的，其他统统丢掉”。“怦然心动”的标准有很多，但不可否认，“美”一定是重要的理想标准。在日本的审美观念里，“日用之美”并非只是空间的装饰品和收藏品，在选择家居用品的时候，哪怕是一只肥皂盒、一双拖鞋、一个脸盆，都需要使用具有美感的器物，不妥协、不将就，因为这是在生活中增强审美意识的唯一方式。

拿使用频率最高的家纺举例，四件套的床品可以根据四季的色彩来更换，春季的嫩绿色是一份阳光明媚、春意盎然，夏季的冰蓝色带来清凉和清爽，秋季的橘红色带来温暖和绚丽，冬季的深蓝色带来静谧和安宁。更换床品的同时，也是用心迎接、体悟四季更迭的一种仪式。还有成套的毛巾和家居服，柔软的质地、情侣搭配的色系，缓解压力疲惫，并时时提醒爱人就在身旁。所有因美感带来的幸福感——从认真努力地挑选开始，经过容易得到或不容易得到的过程，再到使用时的满心喜悦，最终成为经过时间考验依然相看两不厌的经典——时刻陪伴在我们身边，赋予我们享受生活的闲适心境。

其实，我们对生活美感的追求，不是物质的堆砌，因为物质的追求永远无法令人满足；也不是矫情的挑剔，因为挑剔同样来自人与人、物与物的比较。真正的美感即是幸福感，从衣食住行出发，花时间用心打理能够赋予我们细腻情感的物品，欣赏美、得到美、传播美，以美好的事物传达内心对自我“同样美好”的认同，得到精神的愉悦和心灵的富足。

美，是生活的节奏

古人结绳记事，重要的事情，需要用绳子打个结。我常常想象，日子久了，这些结如何大大小小地汇聚在一起，又会形成怎样的肌理感和韵律感？一定很美。一本厚厚的美术史，记录了艺术之所以成为艺术，皆是来自“日常生活的美学”。美与生活的创造和欣赏，就如同结绳，有了时间的轴线连接，记录生活的情感与愉悦，就慢慢汇聚了光芒，成为全人类的审美理想和精神力量。

音乐或事物运动的节奏是“轻重缓急”，强拍与弱拍交替。日子也是如此，有的时候平平无奇，有的时候跌宕起伏，有的时候因忙碌而急促，有的时候因闲适而缓慢，每个人都有自己独特、连贯而又不同的规律。到了“重”的节拍，即生活的节点，可以由美来记录。

什么时候不相信爱情了？什么时候不喜欢过传统节日了？是在每一个特别的日子里，没有包装精美的礼物，没有烛光摇曳、背景浪漫的进餐环境，没有精心打扮的服饰和妆容，仪式感和美感的缺失，本质上是对自己或者他人失去了期待的心情。俗话说“有情即有美”，生日、纪念日和所有的“第一次”，生活中需要记住的日子很多，情感也从来都不是单方面索取，认真对待，投入深情，把日子打成“结”，日子就会变成“节日”，只需要我们“多想”一点，“多做”一点，生活的幸福和甜蜜就可以由美来催化，美就是生活的节点和节奏。

我很喜欢玩手账的姑娘，打开花花绿绿的手账本，贴纸、绘画、表格，记录了事件、提醒、工作，甚至是流水账，多么平凡普通的日子，也因“美的记录”而变得有价值、不寻常。其实，身边有很多朋友早把自己的社交网络经营得如手账般美好，手机摄影和短视频的便捷，让美的记录如此简：拍摄精心准备的早餐，晨跑时天空中云的形状，夕阳的余晖在叶片的边缘洒上金光……有人会说，偶尔的摆拍是虚假的生活，那么一个星期、一个月、一年的坚持记录呢？只要有美的驱动，习惯成自然，审美的眼光和有美感的生活也成了自然，美的节奏越来越快，美的节点越来越多，美，让我们的每一天都更快乐、更积极、更愉悦。

美无处不在，人们常说“距离产生美”，我更愿意翻译为“无功利的生活”。台湾美学大师蒋勋老师说，“在为鄙俗的事吵架的时候，大概是离诗最远的时候”。那么，我们离美最远的时候，就是为了时间或金钱等功利性的目的，将就生活的时候。正如吃饭不是为了填饱肚子，而是为了给身体提供更多的养分，什么时候我们可以将心灵和精神的追求，等同于饮食上的更高觉悟，那么，一切与日常、平常拉开距离的视觉、听觉、文字，就都会有美的光环笼罩。

我家先生很不理解，为什么我去酒吧偏爱点杯鸡尾酒？道理很简单，多变的色彩和浪漫的名称，女人爱喝的，从来都不只是酒精而已。他同样不理解，为什么一些剧情简单的影视作品，我能看得聚精会神？是被精美的“服、化、道”所吸引，追的是视觉上的享受。还有内容物完全一样，只因包装有差异就要多花钱的产品（比如每年推出的限量款包装的化妆品），因为美丽的外观能在使用时，带给我新鲜愉悦的心情。生活中看似无用的香薰蜡烛、养在窗边的绿植、墙壁上的装饰画，它们的存在不是生活的必需，却能让生活变得更美。

用心发现生活中的美，总能给我们留下触动和感动，书法线条的中锋运笔被形容为“锥画沙”“屋漏痕”，来自生活的细节能给艺术家带来创作的灵感，再平常不过的事物，用心观察，都会变成艺术的作品。同样，日常生活的细节，身边的器物，也可以经由发现美的眼睛和主观情感的流露，变成生活的艺术品和精神的财富。艺术创作既然是主观的，那么生活也可以主

观。“人人都是生活的艺术家”，美感要听由自己的心情去主宰和创造。

日本设计大师原研哉说“美是克制”，克制是在追求美的过程中，把握恰到好处的分寸。我常想，那些为了极致的美感把自己逼疯的艺术家，他们眼中能够感受到的美，并不一定比我们普通人更多。

爱美是女人的天性，每个人眼中对美的追求都不同，比起每天对着镜子检查脸上的毛孔瑕疵、拿着放大镜挑剔家人的缺点，“恰到好处”的分寸是一种姿态，更是一种心态。一方面，美需要我们充分认可自己，相信自己拥有独一无二的外貌和美好特质，才不会趋同于所谓的“流行”“时尚”，将美视作千篇一律的空洞；另一方面，以欣赏他人优点的眼光来看待伴侣或是朋友，彼此尊重、彼此欣赏，就会感知更多来自他人的美的感染力。

审美境界与人格境界密不可分，美是自尊自重，美是一种心灵的境界，美是从内而外散发的自我认可及对他人的欣赏，说到底，还是源自内心深处的底气和自信，不是偏执追求完美，不是刻意追求昂贵，是对于已经拥有的生活和人生，感到富足和满足，才会有“落花无言，人淡如菊”的从容淡定，活得舒展，不自傲、不盲从、不肤浅、不喧嚣。

美感，来自形象的直觉，花朵是美的，酒是美的，月色是美的；审美的生活，来自心灵的感动，“水光山色与人亲”，是属于中国人的精神追求。美是生活中的一把万能钥匙，能够打开通往幸福感的大门，而拥有美的感知力，就会拥有幸福感，拥有体贴别人和不迷失自我的强大力量。

美，是生活的节奏，也是我们心灵的节奏。

走入生活之美

前些年，有个词叫“文艺生活”，最近这几年升级为“生活美学”，还有更通俗的热门话题“小日子美美哒”，其实都是一个意思，表达对美好生活的向往和热情。

美学生活是生活的艺术化

都说艺术是人类的“终极理想”，美学则在回应“何种生活值得追求”。美跟生活息息相关，“生活美学”，简单来说，就是“生活之道”，对食物兴味盎然，对外表用心经营，对文化悉心品味，何种方式决定何种心境。

网络社交拉近了人与人之间的距离，同时也在暴露个人的生活品位。比如有人晒出自己的厨艺，粗陋的大盆、俗艳的花纹、乱糟糟的摆盘，再好的菜品都会大打折扣。相反，一些女性晒自己做的营养早餐，一杯牛奶、几片猕猴桃、一碗燕麦片，配上整齐精美的餐具餐巾，点缀花花草草，反射出生活的阳光和美好。

我身边有一些朋友，认为孩子的美育培养，就要参观画廊、听音乐会、看演出，这才是高雅审美，才是品质生活。其实美是感性学，完全可以落脚于外在的感官审美，回到生活的基本面。一份精美的早餐是味觉、嗅觉与视觉相融合的审美，优雅的家居环境是触觉、听觉、视觉相融合的审美。美感是可以被一点点打磨出来的，生活美学就是审美的生活，是“践行之道”，是一种幸福之学。

生活之美，是女人的人生态度

美丽，是女人追求一生的事业；而对生活之美的追求，是对生命本质的热忱，是生活方式和生活态度的选择。青春年少，女性的精致面容是真善美的外显；嫁为人妇，女性的蕙质兰心增添生活的热情和浪漫；即使步履蹒跚，女性依旧可以选择优雅地老去。这是女性真正由内而外散发出的自立、自强、自信。

女性的审美能力除了让自己更美，还有对下一代艺术修养的直接传递。我们常常提到素质教育，却也常常忽视了家庭环境的重要性。蒋勋先生曾经说："我的第一堂美学课，其实是母亲给我上的。"我也与朋友多次分享过，在生活不富裕的儿童时代，我的日常用具都经由母亲用心挑选，房间里挂有油画的印刷品，窗帘边缘有她用缝纫机添加的荷叶边，她的观点是在能力允许的范围内，以艺术感"富养"女儿。母亲送我当时颇为昂贵的陶瓷水杯，上面手绘有抽象的图案，每一次喝水使用都会吸引我端详。而我从小就喜欢画画，沿着艺术的道路一直读书考学，不知道其中有没有什么必然联系。

读过《红楼梦》的读者都会被曹雪芹所描写的贵族生活深深吸引，也会惊叹古时贵妇的审美品位。当贾母看到宝琴披着凫靥裘站在雪后银装素裹的山坡上，身后衬着一瓶红梅，就拿来对比明代著名画家仇英的《双艳图》；到了林黛玉的潇湘馆，她指出窗纱不该用绿色，要用银红的"软烟罗"来映照碧竹；对宝钗房中朴素的陈设，她委婉地提出批评，提出了要"避俗气，

奕洁供图

讲究大方和素净”的装饰原则；听戏，她要戏台子铺在水亭子上，“借着水音更好听”。曹雪芹妙笔绘就如此高雅的艺术生活在前，难怪高鹗的续写不被人承认。

在中国传统文化中，“权”与“贵”是两个概念。真正的贵族须出自诗书礼乐之门，家族中的女性，必须有能力将自己打扮得漂亮得体，并以美的标准打理家事，宾客交往也要表现出不俗的品位与修养。如今很多人感慨现在的有钱人“富而不贵”，往往差在审美和生活品位的层面，深究根源，依然来自女性主导的生活美育的缺失。人是极容易被环境影响的生物，言谈举止是生活行为的反射。在有美感、有品质的生活空间内，人的心情会愉悦，着装、言辞、社交都会具有美感，而一个缺乏审美情趣的母亲即便可以培养勤奋好学、成绩优秀的孩子，却注定无法培养孩子的高雅气质和对生活的热情。

生活之美，属于会过日子的女人

在物资匮乏的年代，“会过日子”是指不乱花钱买衣服、不护理头发、不在外面吃饭喝咖啡，只买打折商品，更不会把钱花在看电影、旅游这种闲事上，这样的日子毕竟离我们远去了，况且即使在那样的艰难岁月里，一样有把穷日子过得有滋有味的女人，用心尽可能把生活打理得有品质、有情调、有意思。对比之下，今天的我们何其幸运，生活在社会稳定、物质丰富的时代，“会过日子”的概念已经完全不一样了。

20世纪美国设计师曾经设计了一幅著名的海报*I shop therefore I am*（我买故我在），解释女性与消费的必然联系。女人是物质的，全世界的女人都一样，因为我们的社会角色太多，所以特别容易迷失和焦虑——心理学的理论给予的解释是：女人用物质占用来满足容易缺失的存在感和安全感。

而换一种思考方式，购物是在创造能让自己感动的相遇，用物品创造生活的文化，把时间和金钱消耗在美好的事情上，是正确的消费观。物质的丰富给我们带来太多选择，我们就可以借由物质，满足更深层次的精神需求。“会过日子”是把生活经营得更好，“不乱花钱”是用心购买真正喜欢并经得起时间考验的物品，“物以载道”，这样的物品是文化与艺术的载体，它让我们更热爱生活并不断迸发灵感，创造生活之美。

生活之美，是现代女性的自我修炼

面对家庭、事业、女性自我认知等压力，身边总有一些女性朋友，或因空虚而寂寞，或因软弱而抱怨，或因焦虑而急躁。心理学的理论研究表明，焦虑的原因往往是人们习惯活在对于

过去的悔恨中，或是活在对于未来不确定的恐慌中，而这些已经逝去或还不属于我们的时光，使得生活因幸福感的缺失变得没有质量。

对于身边这样的女性朋友，我总是劝说她们去学习茶道，因为我是传统文化的受益者，习茶对自己性情和对生活的改变，显而易见。最初接触茶，只是寄希望于通过选择和品饮茶汤来修身养性、养生保健。净具、温器、冲泡、品饮，慢慢发现，只有凝神静气，放下心中杂念，才会泡好一杯茶，这不正是传统文化的疗愈和滋养作用吗？让我们在一杯茶的时间里抛开浮躁，感受自我，活在当下。

接下来，茶文化深厚的底蕴让我着迷，超越技艺的文化与艺术表现，由茶展开的其他兴趣的学习，更是让我的生活变得丰富，每一天都充满乐趣和幸福。因此，所有的文化其实都可以通过外在的生活美学来落地，每个人都希望自己的生活丰富多彩，高雅有品位，就像茶一样，可以是“出门七件事”的柴米油盐酱醋“茶”，也可以是“人生八雅”的琴棋书画诗酒花“茶”，生活与艺术，殊途同归。

走入生活之美，女人要自己宠爱自己，享受生活，用美物美器陪伴自己，赏心悦目、熏陶气质；走入生活之美，女人要自己投资自己，“不畏将来，幸福当下”。生活的美学让女人观照内心，享受平静、充盈的从容，并把幸福感传递给家人和朋友。

女人，向美而生

泰戈尔说："上帝在创造男人的时候，他是一个校长的身份，他的袋子里装满了戒律和原则；可是他创造女人的时候，却辞去了校长的职务，变成了艺术家，手里只拿着一支画笔和一盒颜料。"女人，向美而生。

向美，为悦己而容

不知道有没有朋友和我一样，有时候会对买来的衣服进行重新设计和修改。以前，老妈见到就要阻挠："衣服都是经过专业设计的，你又不懂。"我回答："真正了解我的身体和服装需求的，只有我自己。”妆容也是一样，每个女人都会拥有一大堆的口红，色号名字千奇百怪，“斩男色”“御姐色”“后妈色”，还没使用就给自己贴上一个个标签，可到底合不合适，只有涂上自己的嘴唇才知道。女人的美是一种态度，为悦己者容，是一种在乎；为悦己而容，是一种自信。

悦己而容，很难，比起听别人夸赞美丽，主观认为自己美丽，才更有价值。我在刚刚工作的时候，特别依赖服装建立的自信，穿上漂亮衣服上班，有人夸好看，一天都容光焕发，格外精神抖擞；如果穿了一件自觉过时的、普通的衣服，就会低头含胸，远远躲着人，感觉自己是厨房里的灰姑娘。有一天在公交站等车，远远走过来一个女孩，后背和脖子挺得笔直，脚步轻盈，散发出自信的光芒。走近一瞧，我认出她穿的裙子是某品牌 3 年前的旧款，早已经不流行了，而且长相平平，就是普通的邻家姑娘。当时的我很震惊，第一次认识到，女人可以通过自信的气质为自己增添光彩，自信的美，更完全与服饰无关。

所以，悦己，就要相信自己独一无二的魅力，并懂得自己的喜好。真正了解我们的人，只有我们自己。外貌如同性格，当我们千方百计去找寻自己最适合的颜色、款式和风格后，只是为了对外展现最好的自己，而不是去讨好每一个人或某一个人。

如果不了解自己，如果没有自己的原则，外界就会把各种观念和套路塞过来，强硬的叫“标准”，柔和一点的叫“潮流”，然后给我们洗脑，让我们接受——“这样才是美”。每当看到年轻的女孩子抛弃自己可爱的面容整成网红脸，每当看到女生

穿着不适合自己肤色和气质的当季潮流款，每当全网嘲笑“假名媛”在朋友圈晒奢侈品 logo，都会让人同情和痛心，这种简单粗暴的对“美”的认同或对“物”的趋向是多么空洞，又让多少女性因此丢失了灵魂。时尚大师香奈儿女士说，“流行稍纵即逝，风格永存”，香奈儿将礼服设计成只有丧礼时才穿着的黑色，却造就了永恒的经典晚礼服色，这种创新理念，其实正是她个人对抗那个时代审美的鲜明个性展现，成为现代女性美学的风向标。这充分说明，美，没有标准，只有忠于自我。

向美，是女人追求一生的事业

爱美是女人的天性。在我们还是小女孩的时候，便“无师自通”喜欢漂亮的裙子，偷穿妈妈的高跟鞋，用各种化妆品涂满全脸。有时候觉得，身为女人真的幸运和幸福，上天赐给我们天生对美的向往，就是赐给女性独特的力量，让我们有勇气战胜自己、战胜困难，让女性为世界增添色彩和光芒。

必须承认，美丽的女人真的会拥有很多方面的便利和特权，“以貌取人”相当符合自然规律。比如，当意识到周围环境的美感，

就需要匹配相应的礼仪、着装和举止，懂得欣赏美的价值，才会认可美的标准，才会向更优秀的自我努力靠近。所以，忠于自我不是放逐自我，真正的美人，是生动的、全方位立体的形象，

并非只凭容貌，而为了追求和保持这种美，显然要付出更多的汗水和努力，无论外在还是内在。

当我们习惯为美付出努力和代价，当我们享受美带来的自信和骄傲，美的追求就深刻在骨子里、基因里，让我们在很多事情的处理和与人的交往过程中，在掌控生活节奏、平衡事业与家庭的关系中，都会追求美感的平衡和分寸。向美，就是对美有敏锐的感应和认真的实践，并且讲究姿态，懂得给自己留有余地；向美，就是追求做事要漂亮，生活要漂亮，人生的轨迹也要漂亮。

如果一个女人懂得把美视为财富，就不会辜负或挥霍它，向美而生，认真、美丽、滋润，内心渐渐丰满充盈，更加珍惜自我，努力让生命更美绽放。

向美，是女性的力量

随着女性地位的提高，社会对女性在各种角色上的要求似乎也越来越高。在这个眼花缭乱的世界里，许多女人越来越迷茫，不知该如何生活，在人云亦云、亦步亦趋的模仿中迷失自我；还有很多女性兼顾事业和家庭，觉得自己活得累，活得委屈、不快乐。

其实自16世纪以来，女性的社会问题就一直是全世界的焦点问题，女性也在不断对抗社会对女性的歧视、偏见和不公平，不断推动社会的进步，完成女性价值的确立。在女性运动的第一次世界浪潮中，西方设计师受到女性独立思想的启发，将围困女性的紧身胸衣从女装中去除，才将女性从近乎病态的细腰丰臀的男性审美中解救出来，如同中国女性从三寸金莲的审美中挣脱出来，停止裹脚带来的身心伤害。一代代女性的不断努力，才让今天的女性变得精神独立、生活自主，参与到社会生活的方方面面中去，尤其在时尚、家居生活、艺术与文化等领域，女性更是发挥了无可替代的重要作用。

女性有必要正视自身的力量。在家庭中，美的熏陶带来稳定的情绪和饱满的精神状态，不但可以培养出孩子自信、热情的性格特质，亲密夫妻关系，还能维系三代人的生活和睦；在职场中，女性的审美能力可以为企业创造更多的品牌形象价值，美学培养出的细腻观察力和敏锐觉察力，都可以转化为职场中的特有素养；在社会生活中，美学带来幸福感、安全感的满足，使女性可以积极参与到社会建设中，让社会更加和谐……这些都是女性的价值、美丽的财富。

有什么样的心态，就有什么样的人生。对美丽形象与优雅气质的自我管理，对美丽成长的自我要求，对家庭、社会贡献的价值，是女性三个层级的自我实现。向美而生，让我们更爱自己；向美而生，也让我们更懂得掌握生活。

旗袍识美人

时尚人士总是说，女人的衣柜里要有一条小黑裙，我却很想说，女人的衣柜里要至少有一件好旗袍。

一件华丽的旗袍，是少女们的梦想，不亚于对披上婚纱的期待。穿上旗袍的一刻，仿佛从女孩变成了女人，平添了很多属于女性的风情。影视作品里不遗余力展示着旗袍的美，旗袍就这样成为检验女明星气质的战袍，谁更能驾驭，谁穿更有“高级感”，各种明里暗里的 PK，让屏幕外的我们赏心悦目。

很多人觉得旗袍装扮很麻烦，其实不然，作为曾经的国服，旗袍只是生活中的常服，一年四季，无非是短袖换成长袖，丝绸换成夹棉，或是冬天再外搭一件长大衣、套上羊毛袜子的区别。

我有二十几件长短不一、花色不同的旗袍，在时间紧张的早晨，经常是随便从衣柜里拉出一件，免去搭配的烦恼。

很多人觉得旗袍就该很华丽，并非如此。我身边有一位女朋友，喜欢穿格子棉布、条纹老粗布，或者素朴香云纱的旗袍，配上她的齐眉短发，穿出一股民国名媛的书卷气，周身仿佛散发出淡淡的墨香，又透着超越年龄的干净和清雅，让人忍不住想要靠近、欣赏。

很多人觉得穿旗袍很考验身材，也大可不必担心。一件合体的旗袍，与身材无关，剪裁才是关键。旗袍是女人的第二层肌肤，成衣旗袍还属入门级，量体定制才能真正拥有灵魂，与你气韵相通。贴合的剪裁展示身材的优点，包容并隐藏身材的不足。按照西方的审美标准，大部分中国女孩的五官不够立体，恰好让旗袍映衬得秀气灵动；没有衣架般平直的肩部和清晰的锁骨线条，旗袍将你塑造得柔和含蓄；腿部粗壮，长款来遮盖；嫌不够青春，可以短款或高开衩露出隐约的诱惑；腰部有赘肉，只要选择垂坠的面料，腰部的褶皱上提，就可以打造出完美的上下身比例……旗袍就是这样，青春成熟皆可，高矮胖瘦皆宜。

可以说，没有一位中国女性不适合穿旗袍，正如没有哪个

外国女星穿得好旗袍一样。旗袍与中国女性的形体和气质高度吻合，不需要所谓的标准身材，却需要从内而外的自信。就像张爱玲笔下的女子，无论是《半生缘》里的曼桢、曼璐，《倾城之恋》中的白流苏，还是《色·戒》中的王佳芝，她们穿着不同气质的旗袍，演绎着只属于她们的独一无二的风情。

旗袍风情可以很妩媚

年轻的女孩理解旗袍的美，是一种女性魅力的诱惑。所以往往喜欢糅合时尚元素的改良款，一定要露腿露手臂，展示洋溢着青春气息的身体曲线；色彩和图案要夸张艳丽，要吸引眼球，要“二次元”；走路的时候要扭动腰肢，拍照的时候要追求S形。我在二字头的年纪，还会用短小旗袍搭配宽大的毛衣和高跟长筒靴，强调青春感，以为自己“驾驭”和“叛逆”了传统，足够与众不同。

旗袍风情可以很优雅

当少女变成少妇，女性魅力的观察便有了不同的视角。经过岁月的沉淀,开始欣赏旗袍的内涵。原来高级的性感不是裸露，不是扭捏作态，而是坦然自若、若隐若现。过膝的长度，挺立的衣领，淡雅的色调，旗袍开始跟优雅慢慢关联在一起。我熟识的一位姐姐，是公认的旗袍美人，说实话，她的身材微微有些丰满，五官也绝非惊艳，但她身穿旗袍的姿态、举手投足无不展现出良好的教养和温婉大气的个性，走在哪里都是一道美丽的风景。

旗袍风情可以很端庄

需要正装出席的场合，商务晚宴、媒体采访、公司年会，穿上旗袍，绝不会出错，得体的同时，平添温润和知性。很多新娘会把旗袍作为新婚礼服的首选，毕竟，旗袍是带有情感标签的中国传统服饰。我的第一件正式量体定制的旗袍，就是为婚礼准备的，不喜欢大红色，特别挑选了玫红色刺绣缠枝花纹的锦缎，现在看起来依然很美丽。很多娶儿媳或者嫁女儿的妈妈也会在这个充满仪式感的场合穿上一身定制旗袍。还记得演员刘诗诗大婚的时候，她妈妈身着旗袍与女儿合影，让媒体大赞女儿古典的气质与母亲一脉相承，无形中传递出一种家族审美精神的延续和身份认同。

旗袍风情可以很随性

当一个女人到了一定的年龄，就会懂得所有的衣服都只是为了彰显自己的个性和态度，旗袍也不例外。从京派、海派、港派到改良的“新派”，从丝绸锦缎到洗白的帆布牛仔，从黑丝绒的高贵到白蕾丝的轻盈，从简约几何纹的摩登现代到传统纹样的细腻含蓄，旗袍的风情可以百变随性，想要素朴就素朴，想要明艳就明艳，甚至可以很酷很帅。旗袍的搭配既可以很传统——细带的高跟鞋、宝石的胸针、珍珠的项链，又可以很时尚——贝雷帽、白球鞋、斜挎的小包包。“衣服是可以行走的名片”，当女人能够随心所欲地驾驭旗袍，她的人生也尽在自己的掌控。

女人对旗袍的热爱，从她拥有的第一件旗袍开始，但似乎

又随着时间在慢慢发生变化，不只是年龄，更是心境、品位和对“身为女人”的理解。当然，在条件允许的情况下，一件好旗袍，是值得的投资，在任何年纪、任何场合都会带来自信，绝对是衣柜里的门面担当。

好旗袍一要看面料，二要看设计，三要看做工。好的面料是低调的奢华，苏锦、花罗、正绢，因工艺复杂和稀缺性，本身就是艺术品；旗袍的设计则体现在细节，看起来相似的款式，实则需要处处用心。什么样的领形、肩形和袖形最合适，要因人的体形、因面料花色而定；纽扣的选择、装饰的点缀，甚至绲边的配色，都是区分高雅和庸俗的关键；而手艺精湛、专门做旗袍的老师傅，始终汇聚在上海滩，他们比女人更懂得女性体态的美，一次量体要细细量上 30 多个尺寸，打版、制作，才能用独一无二的旗袍，来衬托独一无二的你。

旗袍，懂你，也懂得如何展示你；旗袍，就是能给女人增添光彩的魔法，永不过时，永不褪色。

美物美家

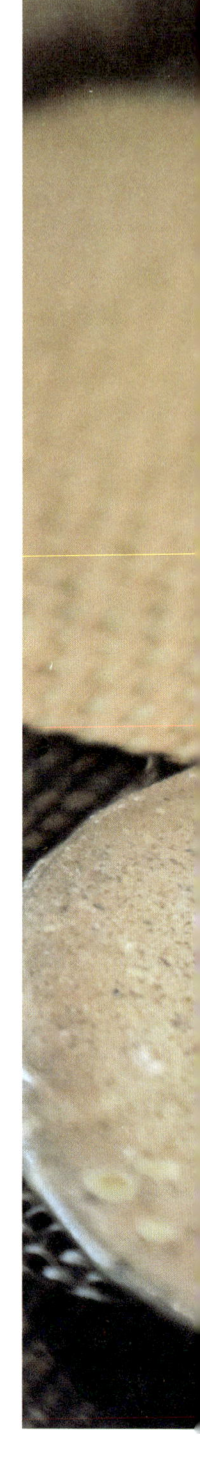

家是生活的博物馆

日本杂物管理咨询师山下英子于2009年出版的《断舍离》一书，率先提出了一种生活态度——“断绝不需要的东西，舍弃多余的废物，脱离对物品的迷恋”。于是“断舍离”一度成为最时髦的生活方式。家居空间流行极简的装扮、极简的装修、极简的衣橱，看起来相当有“品位”、有“高度”。

“没用的东西不要买”“家里东西太多影响情绪”“买东西除了花钱还要占房子的空间”……面对这样的观点，我们都曾怀疑自己，物欲过多是不是灵魂不够高级？很多不值钱的小物，有没有收藏的意义？现在无用却期待以后能用到的东西，要不要投资？为什么“断舍离”之后，却往往后悔不已？家居生活中，又有哪些事物是断不了、舍不掉、离不开的？

如果钟爱的物品是美的情感投射，断不了

我有一个朋友，平时十分节俭，常常教育我，要把钱花在刀刃上。一次跟她出去玩，偶然淘到一个原住民手工编织的细长竹筒，我兴奋地跟她分享这种花纹的编织难度，图案有怎样美好的寓意，手工有多么细腻，还很实用，可以当作画桶背着去写生……可她看着我，一脸不解，轻轻嘟囔了句“还不如买点吃的”……

女人都是物质的，可是有些美物带给你的愉悦和幸福感，无法具体描述，只能用“心灵滋养”来形容。得到它的那一刻，满足了视觉和心灵的双重享受；使用它，则会把这种由美感架构而成的幸福感，无限期延长，它那么美那么让你心动，收藏它的理由还不够充分吗？

我经常帮朋友做一些家居装饰设计。我发现，一些很有味道的室内照片，其实装修很简单，装饰也绝非奢华，所有美感无非是点滴生活美物的呈现。手工羊毛地毯色调雅致温柔，主人为它搭配了同色系的窗帘；沙发背后的挂毯编织出神秘的异域风情，图案美丽之外，还看得到时空的缠绕；绿植的空间点

缀不只植物本身，有纹样的陶土花盆、编织的收纳筐，也增添居室的雅致细腻；一些看起来色彩跳脱的红柜子、绿椅子，则为空间增加色彩和活力。

想想身处这样的家居环境，除了温暖还会觉得有种别样的情趣，是触目可及的美物带给我们美的愉悦。有一个日剧叫作《我的家里空无一物》，无法想象空无一物的家，与经济型酒店又有什么不同。

还有很多平凡的收藏不能以价格来衡量价值。比如喝茶这个动作，只需要一壶一杯，但爱茶的人也爱器，难免沉溺于青瓷的葱翠釉色、汝瓷的温润质感、建盏的敦厚深沉、紫砂的摩挲光泽，那些质疑“喝茶要这么多杯子干吗”的人，“子非鱼”，焉知我们每日凭心情、每季凭色彩选用这些器具时，由审美带来的满足感？

或许断舍离拯救了无数为物质堆积所折磨的女性，但是物质与物质不同，有些物质单纯是物质，有些物质则凝聚着精神和情感，既然时间留不住，为何不与美好的器物相伴，增添岁月的光彩呢？

如果拥有的物品是美好生活的记忆，舍不掉

有人说“身外之物皆可抛”，有些物不在身外，而是根植在你的灵魂和记忆深处。

初中的时候，带着羡慕和崇拜读过三毛的《我的宝贝》，里面记录了她游走世界各地收获而来的一些首饰和生活用品，三毛用充满情感的笔墨去描写这些物品，让少女时代的我对“一个有魅力的女人”有了不一样的认识。

也许受到她的影响，很幸运，在心与物游的世界里，我也有很多相似的纪念和记忆。比如一个来自南非的木雕大河马，因为有着质朴的木雕中少见的一丝笑意，在一堆相似的同伴中被我一眼看中，只是屁股上有一大块木头天然的疤结。按照手工选材的标准，追求完美的人一定会舍弃它，但我转念一想，真正来自大自然的动物，身上就应该疤痕累累呀，于是大河马被我带回家，每次看到它，就想起身在非洲时的种种感触，“人，不是世界的绝对主宰，世界上还留有一片野性的土地，保留着生生不息的雄浑生命力”……

还记得第一次与先生在美国自驾游，在西海岸一个小镇的小古董店里，我看到一对锈迹斑斑的铸铁的黑人奴隶存钱罐，其中穿着女仆装的胖胖女奴，让我瞬间想起我最爱的小说《飘》里面的黑嬷嬷，特别亲切可爱。先生见我喜欢，觉得只买走一个“黑嬷嬷”太孤单，坚持要把拿着礼帽的男管家一并买下来，之后一个月的行程中，美国境内航班和回国航班都有行李限重，他就一直用双肩包背着这对 20 多斤重的存钱罐，直到它们安全到家，站立在玄关处笑容可掬……

这些都是我的宝贝，充满爱的味道，是谁还在定义旅行中的纪念品是鸡肋？这些美好的回忆，就寄托在一件件物品上，提醒我们珍惜过往。

怀揣梦想，期待未来更好的自己

很多时候，有一些闲置物品确实暂时用不上，比如你有一个美貌的晚宴包，因为日常没什么机会使用，就被判“断舍离”，结果到了你该艳光四射的时候，才发现那个包包的重要。于是，你带着悔恨回想当初购入包包时，怀揣着怎样的一个灰姑娘变身公主的梦想。或者你因为要省钱放弃了昂贵的梦想，转身“匹配”了一个现实中更易承受的物品，那么，你还会期待遇到更好的他和更好的自己吗?

欲望是前进的动力，它们用我们认可的方式，来搭建我们的身体，来匹配我们的身份、行为、气质和谈吐，它们是我们期待中的自己。

如何对待现在的“无用”，关乎你如何看待自己的未来，“有用”和“无用”，只有你自己才能判断，大可不必矫枉过正，走向另一个极端。

我的家就是“断舍离”的反面教材，老妈称我家是“杂货铺”，我更正她，还是叫“博物馆”更好听些。生命中，总有些“不能承受之轻”让我们甘愿与之纠缠。被物品“牵绊”、被记忆“拖累”， 在家居条件允许的前提下，在空间大小与物品平衡的前提下，用心陈列和收藏，让我们的灵魂在物质世界投射出沉甸甸的重量。

混搭是一种态度

我是不喜欢精装房的，曾经把一个精装交付的房子东拆西补，砸了吊顶又砸墙，好好的新房砸到破破烂烂，让家人心疼不已。

在我心里，家应该跟人一样，有自己的风格，可是关于风格，往往是最令人头痛和困惑的选择——

我热爱明式家具的简约和线条美，但是传统中式往往沉重老气，舒适性不强；

我热爱法式“洛可可”宫廷风格的精致浪漫，但如果全部元素堆积在户型极不相称的现代空间，一定会繁缛拥挤；

我热爱日式的空灵禅意，又嫌缺少装饰，日久难免乏味；

我热爱东南亚的纯朴木刻和摩洛哥的艳丽色彩，可是这样的空间过于跳跃，缺乏应有的平静。

我对一切美感博爱且不专一，向来不会因风格不统一、不搭而去放弃自己喜爱的家具和装饰物，慢慢地，家开始在舒适的同时变得独特，若要再问风格，那么，算是一种混搭吧。

混搭，与其说是一种彰显个性的风格或者手段，倒不如说是一种态度。

混搭是既“包容”又“挑剔”

混搭是“包容”的。它的“包容”在于所有艺术与风格都可以“拿来主义”，不局限于某一种单独和唯一。

我对家居混搭概念的理解源自早些年在杂志上看到外国朋友在北京的家，床和沙发、餐桌等家具都是欧美范儿，但整个生活空间里搭配着漆屏风、红色立柜、青花瓷瓶、中式雕花木门，甚至还有一个大鸟笼，有新有旧的东方主义。从那时起，我特别关注外国人在中国的家和中国人在海外的家，在我看来，“东”与“西”的碰撞有很强的视觉冲击，但又兼容了东西方文化内涵，对立而和谐，原来只要大胆，没有什么不可以。

从此之后，便不会为了空间统一而整套购买家具和装饰品。

我从不担心“多色调的融合”和“多风格的糅合”问题，圈椅搭配皮沙发，老樟木箱子搬来做茶几，一幅名家书法被我裁去上下卷轴和边缘，镶嵌了雕花繁复的欧式金色边框……我希望围绕着我生活的物品，都能够是我的心头好。每次搬家，留下按空间尺寸购买的大型家具，喜欢的单品和装饰品统统被带走，时间久了，身边的家居用品都是百看不厌的精品，再次添购也都是经过生活经验对比后更喜欢的家具，面对眼花缭乱的家居卖场和线上商城，选购的标准唯有“我喜欢”，变得极其简单。

混搭又是“挑剔”的，挑剔于每一件单品的格调。

以烛台、复古镜框、水晶灯为代表的法式单品，以铆钉皮制沙发、扶手老虎椅、黄铜落地灯为代表的美式单品，以满饰民族纹样的地毯、挂毯和木刻为代表的波希米亚风，还有充满中国古典味道的青花瓷、手工老绣，甚至书画作品，只有它自身够精美、有腔调，才堪配拿来混搭。

当你走入一个混搭风格的家居空间，每一个看似不和谐的音符都分外跳跃,如果经不起仔细观赏,只会让人觉得杂乱堆积，“不完整”和“不统一”就会被放大。只有千挑万选、精挑细选、宁缺毋滥的单品，才会满足挑剔的视觉，有种逛博物馆欣赏的味道。

混搭的重点是明确的主基调和把握相关联的点

混搭不等于混乱，重要的点是明确家居空间的主基调。

正如一个有个性的人要深知道自己的个性，才会坚决果断地拒绝其他平庸。

主基调是一个家扑面而来的整体印象，就像我们穿衣服的基本款和基本单品，始终有一个底色，可以是家具的样式也可以是家居的色彩。这几年美式家具比较流行，我想是因为美国文化本身就杂糅了欧洲和南美的各民族文化，包容性很强，混搭起其他家居饰品难度较低。

混搭空间色彩的难度有点大，主基调的色彩则特别推荐中性色。

我曾经实践过以东方的明黄色搭配洛可可的粉绿色作为壁纸的颜色，美则美矣，但生活空间不仅仅是几面墙，其他杂物和装饰物的堆积，就容易显得混乱，非常考验功力，而且鲜明的色彩也容易产生视觉疲劳，容易令人厌倦。直到前两年大热的莫兰迪色打动我，应用效果良好，柔和的灰色调可盐可甜，即便同一色系多种叠加，也依旧和谐，还非常容易打造家居的放松感，窗帘、地毯等大面积色彩的选择一样降低色彩的饱和度，就非常容易百搭啦。

在家居空间用一些特定的“点”去做连接，也是一个好办法。

原木和金属如黄铜是比较适合混搭空间的材质，原木既含有中式的古典、日式的禅意，又有北欧的现代设计时尚，横跨东西穿越古今；金属质感的黄铜家装也有异曲同工之妙，特别适合调和莫兰迪色的灰度，也能增加美式家具的亮度，还能给现代感十足的空间增添古典美或者是工业风。相比之下，玻璃和不锈钢就只属于现代主义的建筑装饰材料，大气硬朗但跟典雅绝缘。如果这些统统觉得难以把握，那么最简单的还有用绿植作为连接，莫要小看植物，不管是厚重沉闷的家具还是色彩多变的墙面，绿植都能轻松地舒缓气氛和统一色调，更会让家生机盎然、充满活力。

环顾我的家居空间，我好像特别喜爱异域风情的手工编织、手工刺绣单品，例如飘窗上的坐垫、沙发上的靠垫、书桌后的挂毯、餐桌旁的刺绣、玄关处的地垫，都是旅行购置的纪念品，不成套但也不错乱，既是收藏展示，又非常实用，刚好把不同的空间串联起来，为继续买买买找到很好的借口。

混搭的不仅是风格，还是生活的态度

所谓“风格”，来自相似的地域环境、人文历史和重要的生活方式，如果不能真正理解，即便混搭手段高超，也容易浮于表面功夫，缺失契合真实生活的态度，这种态度来自你认真

思考自己和家人的生活习惯和生活需求，让每一样物品都彰显出它的价值，而非毫无灵魂的堆砌。

比如沙发下的地毯，美则美矣，很多人会觉得麻烦，难以清理，可是很多人会喜欢跟家人坐（躺）在上面看电影，更放松也更休闲。

比如照片墙，是因一面墙太空，所以一股脑填满照片，还是你用心地把重要的生活瞬间带着回忆感和故事感，搭配精致的相框，一点点将墙面填满?

比如餐桌上的法式烛台，你爱它细腻的雕花或泛着光泽的材质，那么你会日复一日让它站在餐桌上落上尘埃，还是会在某些特别的日子，让它增加生活的仪式感?

比如懒人沙发，没有轮廓没有装饰存在感较差，似乎可有可无，但是放置在飘窗或阳台，家里就多了一个可以停留、读书晒太阳的温暖角落。

家的模样就是生活的模样，怎样呈现，完全取决于你。正如生活美学作家叶怡兰所说："家的样貌，最重要的是能契合真实生活需求，也与自身的情感记忆、作息习惯拥有深刻的连接与共鸣，才能让人在此中得到真正踏实的安顿。"

美物是生活的格调

很多人觉得美学很空泛，问，美是看不见摸不着的，而且评价标准又不一样，怎么会对生活有帮助，怎么会与情感关联在一起呢？这样一问，似乎很难回答，但换个角度，在能力允许的范围内，你喜欢购买好看的生活用品吗？比如有花纹的水杯、珐琅釉的锅、精美的餐具……回答几乎百分之百肯定。看，这就是器物美学与生活的连接。其实，学者们给抽象的文化下定义时，就包含了器物文化，器物有形、真实，也与生活息息相关。

器物之美就是生活之美

法国人雷纳·格鲁塞最早定义东方美学的内核是——“生活”。纸墨笔砚的文房之美、琴棋茶香的赏玩之美、园林家具的乐居之美，都与器物相连，也因此很多器物的审美和创造都源于生活的体验和观察。

我们现在仰慕宋代的高雅格调，但宋人热爱的茶、花、香、画，其实并不是宋人创造的，而是宋人从这些日常生活的细节提炼出了种种美感的情绪。在“士文化”的黄金时代，文人都是文化美学的通才，他们对于生活器具所怀抱的是玩味性、欣赏性、体验性的态度，便使器物进入了主观审美的层面，为后世奠定了雅生活的基调。

宋徽宗推崇的汝瓷，就是以一句“雨过天青云破处”来定义审美高度的，介于绿和蓝之间的天青色，如雨后天边的岚雾，转瞬即逝又遥不可及，恰到好处地勾勒出让人迷恋的、古典的纯洁之美。作为生活美学的代表品类，宋代插花流行一种专插梅花的花器，叫“梅瓶”。造型为小口、短颈，肩部丰满圆润，肩以下逐渐收敛，亭亭玉立、雍容大度。因瓶口很小，与梅枝硬瘦的风骨相称，完美展现了枝干的线条美和花朵的色彩美，花与瓶、艺与器浑然一体。李清照在词作“年年雪里，常插梅花醉”用的应该就是这种瓶子。

我们现代喝茶的茶杯也有很多种美妙的造型：杯口外撇的“压手杯”，恰好贴合手掌和虎口曲线；“斗笠杯”圈足小，杯口敞开，观看汤色之美最是合宜；腹部圆鼓的“圆融杯”有容乃大，最受男性喜爱；曲线优美、杯形如玉兰花苞般的“玉兰杯”，则深锁茶香，优雅可爱。茶杯的美来自茶人饮茶的往复体验，生活感受就是器物美学的灵感源泉。

器物之美是情感投射的心灵之美

蒋勋老师在《美的沉思》的开篇序言中写道，“‘美’是历史中漫长的心灵传递”。我想，器物的美就是情感输入与输出的体验。

身边很多女朋友刚刚接触茶不久，就陷入买买买的狂热中，有时会兴致勃勃地给我分享新得的宝贝，看到她们，就仿佛看到曾经的自己。年轻的时候喜欢一切耀眼的色彩和花纹，彩色釉、彩瓷、花式壶，特别看重第一眼颜值。年龄渐长，开始懂得欣赏一种洗去铅华的素朴之美。

比如柴烧陶瓷器，刚开始觉得“灰头土脸”的，不招人待见，后来发现：用柴烧的器具插花，把花朵衬托得格外娇艳；用它盛物，食品变得诱人鲜亮；用它泡茶，茶席瞬间历经沧桑，泡出的茶汤也分外香甜。慢慢走入了解，工艺先不说，单单外表呈现出来的色泽和光感，就太有魅力了。华丽丽的金银彩让人惊讶，并未添加金箔或什么涂料，怎么能呈现如此耀眼的金色光芒？古拙的落灰把你带入熊熊燃烧的窑火中，仿佛也感受到烈焰的锤炼；火痕，则是风与火缠绵交织的刹那，在器物上留下了一抹心跳，如果你懂得这份涅槃重生，闲时把玩，是否能够感受到如此炙热的情绪，并为之感动？

朱光潜先生说：“美感经验即是人的情趣和物的姿态的往复回流……人不但移情于物，还要吸收物的姿态于自我。”中国人在器物上投射了太多的主观情感与人格精神，就像对玉石的喜爱，延伸到君子应具备的五种德行，又以玉石温润含蓄的美感作为衡量器物之美的准绳。所以，如果你深受中国传统文化的熏染，就不免会形成“绚烂之极归于平淡”的审美倾向，正如杨绛先生百岁感言：“我们曾如此渴望命运的波澜，到最

后才发现，人生最曼妙的风景，竟是内心的淡定与从容……”内在有光彩、“无穷出清新”，这是器物之美，更是人格之美。

器物之美是人与器的主观连接

我特别喜欢手工制作的产品，无论是木雕还是陶瓷，无论是绘饰还是刺绣，都能让我感受到物品内在的鲜活生命力，感受到作者在制作器物之时，用不断的凝望与对话，为器物注入的灵魂。工业流水线上生产的产品都不太可能在内心深处打动我，缺少一种情感和温度。当然，现在顶级的奢侈品也强调手工，毕竟自古以来，奢侈的器物都是以缠绕在上面的人工与时间成本来计算价值的。

每当我看到器具上的署名或钤印，就仿佛听到作者说：“这件器具是我用心打造的，是我用心挑选的，尽管它可能不够完美，但就像我生养的孩子一样，代表我与它之间的连接，真诚地送到你的手中，郑重托付。”买下器物的那一刻起，就是我与作者缘分的开始，在漫长的岁月中，依然有当时的回忆和感动牵绊，这份连接是不是很美妙呢？

有人会说，这种喜好就是赤裸裸的炫富呀，毕竟大师款的价格都很昂贵，事实并非如此。大师经过岁月的积淀和市场的检验，作品相对精美，可遇而不可求，但有些作品也会因缺少真性情的流露，有形无神。事实上，在外旅行时，我特别喜欢逛跳蚤市场、夜市和小工作室，会淘到很喜欢的器物，有些就是毕业生或者年轻的设计师自己创作的，可能有些稚气，但满是年轻的激情和大胆的创意，即便不够完美，但也是真实、温暖的。

不那么容易得到的美物

在《积存时间的生活》里，主人公提出她的器物观："购买的东西要传给下一代，买就买好的，绝对不可以买便宜货……花很长的时间一件一件购买真正的好东西，迟早会凑齐。"我的一位男性朋友，就是这种观念的践行者，他装修自己的第一个家花了约两年时间，所有器物都是千挑万选，没有眼缘的、暂时买不起的，就一等再等，绝不将就，买不到合适的床，宁可睡在地板上。虽然有人不认可完美主义者的坚持，但不得不承认，我们在生活中占有的物质是有限的，太多的器物，会成为生活的累赘，选择，就一定要在能力范围内选最好的——你不去将就生活，生活就不去将就你——退而求其次，到底意难平。

日子总是一天天的重复，美好的器物会给生活增添光彩。它会提高你的审美、丰富你的眼界，在富裕的生活中不会让你厌倦，在艰难的日子里给你宽慰，如果再俗一点，美好的器物还可以用来炫耀、升值。

“不那么容易”才得到的过程，拥有时刹那的欣喜，使用时相看两不厌的长情，用美物相伴一生，值。

有灵魂的器物

作为一个“物质女人”，日常总忍不住淘来很多器物堆在身边，整理、打扫、搬家，却丝毫不觉得麻烦。在我眼里，它们的价值不能以金钱来衡量，有的也并非美丽。喜爱，是因为第一眼的心动，或是某些说不出的理由，我相信我们之间因某种缘分而连接，器物皆有灵。

有名字的器物

读大学时，我特别喜爱一个女装品牌，每一款衣服都有一个很好听的名字，很浪漫、很诗意，每件衣服都能将我引入一种情境，特别对文艺女青年的胃口。后来，女装品牌越来越多，我也还是中意标签上有名字的衣服，“宛转蛾眉”“浅吟低唱”“喜见”，仿佛每一件衣服的诞生都只为专属的人。选择，变成了某种冥冥注定。

在台湾旅游时看到一套白瓷茶器，将国画山水中的云雾技法运用到壶身，抽象的几个线条远近、错落、虚实结合，产生山峦延绵的意象美。标签上赫然写着两个字——“停云”。“行到水穷处，坐看云起时”，不知道作者的命名是不是受到王维诗作的影响，反正我在看到这个名称时，脑海中不自觉蹦出这句特别喜爱的诗句，冰冷的瓷器瞬间柔软，虚无的白色可充盈进万里山河，内心也被创作者的丰厚情感所击中。

还有一次在美国的小镇逛古董店，有位客人将一个刻有“团寿”纹样的小银锁拿到我面前，问我是否知道这个图案是什么意思。我告诉她，在中国，这是一个长寿的吉祥祝福，她立刻很开心地买走了小锁。“物以载道”，中国的传统文化赋予器物多种寓意和名称，只是不知道我们何时慢慢丧失了对器物命名的热情和渴望。好的名称意味隽永，让器物因此具备灵性，现在很多文化商品的创意借鉴，就是一种很好的文化消费引导。

选择有名字的器物，不是选择普通的生活用具，而是选择

一个与你情趣相投的好朋友；为你的器物命名，像小时候给布娃娃起名字，像审安老人作《茶具图赞》为常用的茶器命名“十二先生”……它的名字恰好表达你的内心，你便也可以在它身上投射情绪和情感。

在使用中赋予器物灵性

一件器物，功能性是它的根本使命。只有在实用的基础上，主人才会更喜爱，只有经常性地使用，才会赋予器物更多的生命活力。

我有很多昂贵的器具，平时总舍不得使用，摆在陈列柜里，时间久了，除了记得当初购买时的价格，似乎就没有什么更多内在的情感联系。偶尔欣赏这些曾经爱极了的器具，美则美矣，却灵气不够，于是叹了口气，舍不得，终究是对彼此的辜负。

相反，很多并不起眼也并不昂贵的小器具，在不断的使用中，我越来越了解秉性和脾气，它们会呈现出更好的工作状态，连外表也会变得温润和灵动，像老朋友一样妥帖。例如紫砂壶，再好的泥料，也只有在一次次茶汤的冲刷与激荡中，在与手掌亲密的摩挲中，才会变得细腻而富有光彩。

因此，器物的灵性是主人赋予的，被选择的那一刻，才刚刚开启它的生命历程，而只有在长时间的生活中，与主人相伴相生，才能催发出形制上的美感和材质上的底蕴，在使用的过程中散发出岁月静好的成熟风韵。

残缺是一种独特的灵秀

第一次欣赏到器具的“残缺之美”，是在美术课上学到宋代五大名窑的哥窑，大如蟹爪小如鱼子的不规则纹路称作“开片”，本是烧制过程中的失误，造成釉和胎的收缩率不同，却将如竹影般婆娑的美感映射在如玉的器表上。后来，在历史名琴上看到琴体漆灰因年代久远而产生的断纹，蛇腹、流水、梅花、龙鳞、冰裂，惊奇于这么多美妙的词语用来修饰错杂在琴身上的残缺，又让我再一次领略了略带古拙的傲气。

修缮残缺的物品能生成另一种美感。我认识一位修缮瓷器的老师，看过不少修缮作品，金缮、锔钉、黑推光、包口、锡焊、錾刻镶嵌，经过她的妙手，为器物的残缺增添肌理和装饰效果，有的甚至更加丰富更加华丽。我的一个西施造型的紫砂壶盖磕掉了一个豁口，如何修复，纠结了很久，觉得常见的包边做法，会破坏掉

西施整体圆润的曲线美，而如果只简单用金漆修补牙口，又怕过于突兀。结果老师帮我用朱红色与朱泥相近的漆做了一朵小小的云，上面细细的金色云纹缠绕，就像唐代美人的眉间花钿，与壶浑然天成，又气韵灵动，让我欣喜不已。

残缺的器物该如何对待，无关价钱，在乎你对器物的感情，因珍爱而包容缺憾，因不舍而去重塑价值，因留恋而换一个角度去欣赏。

老器物的灵气穿越

我还有收藏老旧物件的习惯，每当家里多了些看上去脏兮兮、“来历不明”的物件，就会被老妈骂。这种情结大概来自中学时，看过三毛的书《我的宝贝》，总感觉老器物上有种生命的质感和灵气。

首先，老器物大都出自手工，拙朴和细腻是现代工艺技术无法比拟的；其次，老器物上缠绕了时空的奇妙，你觉得它先你而生，见证了很多不同时代的人和事，“氧化”“包浆”，它的外表磨去锋芒，越发低调温润，它可能带有伤痕，让你看到使用过的痕迹，今天在你手里，多年之后可能会出现在世界的另一个角落，有着历经沧海的智慧。

喜欢茶席设计的朋友一定懂得，用几件朴实无华的“老古董”摆在茶席上，老铁壶、老青砖、老杯托，茶席立刻散发出一种雅致动人的风采和岁月沧桑的情怀。老器物都是有故事的，有与你发生的故事，也有你不得而知的故事，就像那些看起来有故事的小姐姐，你问起她们的阅历过往，她们报之以微笑，一言不发，散发出谜之神秘，让人感叹。有种风情，恰是时间累积而成的。

我感激在生命中有这些器具的陪伴，它们给我美的愉悦和拥有时的感动，我从它们身上获取能量，它们在我的使用中拥有越来越鲜活的灵性，让平淡的日子散发光彩，共同铸就生命的印记。

异域风里的诗和远方

前年偶然在时尚杂志上看到了一条摩洛哥图案的裙子，迷恋得不行，几次跑到商场试穿，终于还是狠狠心带它回家。其实，穿给朋友展示的效果，并没有格外夺目，看起来不过是一条普通的棉布印花裙，但我心里清楚，穿上它的那一刻，我就拥有了更加贴近摩洛哥的心跳。

不只摩洛哥色彩的浓烈和明亮，还有波西米亚的流浪感，意大利的浪漫热情等等，异域风是与本土文化、传统元素差异较大的艺术风格，在时尚领域和空间设计领域经常运用，能带来神秘、新奇、遥远的视觉感受，有着巨大的魅力，让人过目不忘。

异域风真的很美，

那种美是一种与本土文化相对立的视觉冲击

比如，我去看西班牙舞剧院的《卡门》，所有热烈的色彩在舞台上绽放，只因文化土壤的不同——

红色，不是中国的喜庆美满，而是代表欲望和野性，是罂粟花般的危险却又魅惑；

白色，不是纯洁高贵，而是表现在女佣女工们身上的低级无感，简单与粗陋；

黑色，不是神秘高贵，而是阴暗和让人窒息的残酷。

异域的色彩，伴随着弗拉明戈的音乐节拍，眼里心里，都有火一般的热情在燃烧，久久不能平静。

异域风真的很浪漫，

那种浪漫是平常生活轨道的脱离和逃逸

第一次出国旅行的目的地是印尼巴厘岛，刚下飞机，就被奇异的建筑、精美的木雕、纯朴的手工艺深深吸引。那些浓郁得要流淌下来的满眼翠绿和鲜艳的水果、妖娆多情的花卉，那些用粗粝的火山石和风化过的木材堆积成的低矮院落，都让我彻底忘却钢筋水泥的冷峻都市，拥抱并融入一个崭新的环境，快速放松心情。从此以后，旅游目的地的选择，都会偏向具有民族特色的地区，与生活环境差异越大，就越有吸引力。

异域风是一种诱惑，我们的时间和金钱有限，不可能一直游走在远方，但我们可以花心思为家庭装饰营造出一种异域美的氛围，让眼睛得到满足，让精神享受远方，让我们的生活因距离产生别样的美感,让身临其境的异域体验,增添生活的乐趣。

异域风是一种生活情趣的营造，是时时提醒自己曾经和将要“在路上”的闲情。

著名设计师柯尔斯滕·格罗夫曾说：“一个快乐的家，是一个经常四处游历的家。”每次出门玩，看到漂亮的饰品和有民族特色的装饰，我都会忍不住贪心地买买买，不管重量多重、体积多大，都会想办法扛着、背着、货运回家。回到家后，它们就挂在墙上，堆在沙发上，陈列在展示柜、书架，床头柜、梳妆台前，带来遥远旅途的芳香。家的空间是为了留驻的，家的每一个角落都应该有故事、有回忆、有温度，旅途中的某种特殊意味的东西，能够勾起美好的回忆，还能提醒自己，该开启“下一段”旅程了。

异域风是一种生活品质的追求，
是对工业化、标准化、批量化产品的厌倦

异域风的家居用品，往往拥有历史感、装饰性和人文精神，是对平庸的大众设计、冷漠的现代主义设计和无个性的工业化生产的反抗。

品质其实与价格没有绝对的关系。一盏泰国木雕的台灯、一块印尼染色的棉桌布、一个日本铸铁的风铃，一面法国洛可可花纹边框的镜子，都会成为家居的亮点。慢慢积攒，亮点越聚越多，便会照亮整个生活的空间。

女人是物质的，被自己心爱的物品包围，会带来幸福感、满足感。日常无事宅在家中，或是在外奔波后回到家中，每个角落都触目可及，都是自己精心挑选、经过岁月沉积的美物，

家就成了心底最温暖的港湾。

当然，众多的物件被搬运回家中，如何安放、如何点缀，是一门需要在生活中不断用心、不断努力尝试的功课，可这也是幸福的功课，不是吗？

异域风是潜移默化的美学熏陶，
是主动审美和主动接受艺术的多元

艺术不分国界和地域，也没有所谓文明高低的梯度。在漫长的历史进程中，各个国家和民族的人用智慧创造了一个个共享的艺术风格。走过、路过、感受过，审美的格局会更加博大。

例如，唐代的艺术之所以雍容大气、饱满热情，就是因自信和开放的气度，选择欣赏、包容与糅合——

来自西域的染缬效果，促成了唐三彩的缛丽；

来自波斯的织物，诞生了独特的卷草花纹和连珠纹样；

来自西洋的独特器型，推动了瓷器形态的多样化……

如此种种，盛唐美学显现出一种独特的“异域美学”。

时至今日，时尚界的很多奢侈品大牌都对其他国家、民族的传统艺术有所采纳和借鉴，融入时装、丝巾、包袋等产品设计中，赢得更广泛的国际市场。

美，看得多了，便会形成头脑中的认知，积淀成自己的审美体系。多元艺术的点滴积累，甚至可以延伸出世界美术的地图，无论是对自己的素养提升，还是对孩子和家人的美学教育，都有着潜移默化的影响。

我从不羡慕所谓的“豪宅”，用金钱堆砌起来的奢侈，丝毫不能引起我的兴趣。直到有一天，在一本杂志上看到演员张静初的家，是我热爱的“家的样子”，温馨且美丽。她花了5年时间从世界各地淘到具有异域风情的家具、灯具、地毯和装饰品，把家堆积成一个博物馆，真的让我酸到流口水。这种羡慕里有很多复杂的情绪，一方面欣赏她的艺术品位，一方面向往她去过的我未曾到过的地方，和那些无缘淘到的宝贝——

酒红色复古丝绒沙发是从法国跳蚤市场淘到的，流淌着法式的轻松和浪漫；

玄关处的椅子是从美国的老式电影院拆下的，保留着 20 世纪 60 年代百老汇的流光溢彩；

定制的书柜中间嵌入一个古董书柜，欧洲的古典端庄就融合进现代的简约大气；

楼梯的转角放置一个雕花石墩摆放绿植，中式氛围透露出东方的神秘……

这样的家只能用“活色生香”来形容，低调含蓄，有情调也有态度。

现代房产交易后，即便是精装修交付，家居装饰还是要依靠主人的美学观点和艺术品位，来把房子变成更有人情味的“家”。很多人会觉得“风格”难以把握，其实，没必要为了靠近某种“风格”而改变自己的喜好，不妨以自己的喜好为标准，大胆搭配。异域风只是家居审美的一个方向，对地域性元素的强调，其实是现代人的情感抒发，是一个诗和远方的梦想，所以，不妨接触并爱上一些具有异域风情的家居用品和饰品，为我们的家插上想飞的翅膀。

庭院里的春色如许

我有一节艺术欣赏课叫作“中国人的诗意栖居”。诗意的不是受儒家思想支配的传统建筑，太强调礼教与秩序，太过端庄、太过程式化；诗意的是中国古典园林设计，从魏晋时期开始成为艺术形式，始终与文人士大夫的情趣相投，是道家哲学天人观念的产物，是古人潜意识里的生命向往，在世界园林设计史上享有崇高的地位，被誉为“世界园林之母”。

从古至今，中国人始终向往与土地的亲密关系，现代人的生活也越来越追求返璞归真，别墅或者带院子的房子，便成为“终极的居住梦想”“最大的奢侈”。无论是安静的山野市郊还是喧闹的市区，只要有小院一方，生活便可以更加闲适，花开花落，云卷云舒，日子慢下来，心也静下来。

庭院，是中国古代文人心灵的栖息地

梁思成说：“对于中国人来说，有了一个自己的院落，精神才算真正有了着落。”

郑板桥说：“吾毕生之愿，欲筑一土墙院子，门内多栽竹树花草，清晨日尚未出，望东海一片红霞，薄暮斜阳满树，立院中高处，俱见烟水平桥。”

林语堂说：“宅中有园，园中有屋，屋中有院，院中有树，树上见天，天上有月。不亦快哉！”

之前游逛古典园林，只觉得中国文人太爱享受，掘地三尺挖渠造园满足休闲需求，未免玩物丧志过于奢华。后来，对“士文化”的了解让我理解了“达则兼济天下，穷则独善其身”中“仕”与“隐”的两面性。“无道则隐”，文人为逃离不堪的官场归身故里，为保持形象的理想性，只得造一方园林退守心中最后的净土。再次身处园林之中，以失意的情绪共情，才感到一丝真切的悲凉和孤独。扬州的何园有处妙景叫“镜花水月”，凿石映月影，镶镜照花黄，有如佛经劝诫“凡事不可执迷”。还有很多园林里都建有水池和石舫，比如苏州拙政园，我们很容易从造园者的角度理解到“野渡无人舟自横”的浑然天趣，但如果探究更深的层次，庄子那句“巧者劳而智者忧，无能者无所求，饱食而遨游，泛若不系之舟，虚而遨游者也”，便是对应“拙政”二字的解脱和“无能者”的自嘲。

只能孤独而空虚地遨游于心中的山水江湖，这种孤独，也未尝不是“独与天地精神往来”的固执和坚守，苏东坡一生漂泊贬谪，即便生活困顿，也会在蛮荒的惠州筑室造园，种橘子树、柚子树、杨梅树等各种植物，北望见河上风光，西向俯视虹桥横卧碧波之上。“行到水穷处”，只要还有一个可以消遣的生活居处，便可悠然自处。庭院，对于中国文人的精神价值，才真正是“言有尽而意无穷”。

庭院，是中国传统女性精神的后花园

在古代，传统礼教文化束缚下的中国女性是没有社会地位的，大门不出二门不迈，木偶似的受到种种“礼”的约束和道德捆绑，那些为数不多的天性和情趣，都释放在了自家的庭院。

《牡丹亭》里杜丽娘这般的大家闺秀，只偶尔去了趟后花园，就能被满园春色迷惑了性情；《西厢记》里的后花园则上演了追求婚姻自由的私奔戏码，才子佳人、月下相约成为无数爱情故事的模板；个性洒脱自由的李清照，把青春活泼写进闺阁词中“蹴罢秋千，起来慵整纤纤手。露浓花瘦，薄汗轻衣透”；《红楼梦》里的女孩子，也是在大观园里才能纵情肆意地挥洒天真浪漫，海棠社、桃花社、花朝节、螃蟹宴，四季景物皆可入诗入画，凝结出贵族少女的艺术情怀。

我常想，中国传统女性多情风流的一面，一定是“无师自通”地来自庭园春色的熏陶。明代造园家计成在《园冶》中写道：“轩楹高爽，窗户虚邻；纳千顷之汪洋，收四时之烂漫。”花卉、云霞、月色、杨柳、风声、鹤唳，能给诗人们贡献无限的创意，也能给敏感细腻的传统女性以情感的慰藉和情绪的纾解：亭台楼阁的远眺带给她们未来生活的希冀，通幽的曲径训练她们袅娜的身姿，影壁漏窗的遮掩教她们学会含蓄温婉，云水出岫的等待让她们更坚忍也更加纯净。若是没有庭院里的春色如许，中国的文学作品、诗词歌赋就都缺少了浓墨重彩的主题，整个中国古代的女性形象就难免寡淡而无趣。

庭院，是现代人随“性”所欲的“闲适”

小时候爱热闹，看外国电影，最羡慕邻里朋友在大院子里开 Party，烧烤、聚餐；长大了爱独处，想有个院子，天色晴好最宜读书，忙里偷闲最宜喝茶，有朋来访最宜清谈，独自一人最宜思考。说到底，是年龄越大越想要个自在，梦想有个庭院，能呼朋唤友，也能与清风明月同坐。

庭院要自造，名字要自取。袁宏道有“柳浪园”，王世懋有“淡园”，有以“沧浪之水可以濯吾缨”得名的“沧浪亭”，有以“取欢仁智乐，寄畅山水阴”得名的“寄畅园”。巧妙的命名恰如一幅写意画作，看起来略抽象，加上诗文，就不得不拍案叫好。

名称是庭院居所的灵魂，也是主人对待生活的意趣。

庭院的自造不见得要一砖一瓦亲力亲为，但是设计要贴近自我的生活习惯和审美情趣。从对自然的向往角度，中式和日式的古典庭院显然更加符合东方审美。中国人有热爱山水自然的传统，上有天堂下有苏杭，理想中的天堂也不过就是园林的模样。

中式的庭院设计源于明清私家园林，讲求“虽为人造，宛若天开”的自然之美，大体包括山石、泉池、花木、建筑四大要素——

“山”，常由名贵的奇石堆叠而成，比如太湖石的瘦漏透，本身就是艺术的点缀；

“无水不成景”，池水打造出空间的开阔感，倒影与水波相称，动静皆妙；

观赏植物的栽培，草本、木本、藤本交替，四季更迭，增色添香，并融合文人的喜好，将草木赋予品格，是一种精神高于审美的选择；

最好能添加亭、廊、轩、榭等陪衬性建筑，明暗虚实、光影变换、移步换景，小小的庭院也能让人流连忘返，偷得浮生半日闲。

日式庭院也属于自然主义，但“自然中见人工”，更加精致小巧。“曲径闲幽宁静雅”每个字都有美学的意境——以山石为岛、耙砂成海的枯山水，各具姿态的松，油绿色的青苔，泛黄的竹篱笆，茶庭里的蹲踞……日本庭院是“极少主义”的禅宗美学，颇能明心见性，对环境的匹配要求更高，但总觉得过于清寂理性，热闹不足，不够亲切放松。

“溶溶月色，瑟瑟风声，静扰一榻琴书，动涵半轮秋水”。闲适不是思想的懒惰，不是消极避世，而是面对生活的态度——柴米油盐是生活的琐碎，竹影松风是生命的热情，低头忙碌的间隙，总要关照灵魂所居。虽然我还未能拥有一方庭院实现幽享闲适的生活，但可以向往和憧憬在庭院里抒写女性的青春诗意，在庭院里向文人的精神靠近。

不可无书房

有人说，书房可以诞生一个艺术家或者文学家，我觉得，书房至少可以安放一个沉静的灵魂。

参观过很多楼房样板间，一些设计把空间排序最后安排给书房，在北向最小的房间，在拐角过道，有的甚至比女主人的衣帽间还小。很多人觉得房子很贵，书房可有可无，但在我看来，书房是一个居所最重要的空间。房子满足的是物质生活，而书房满足的是人的精神生活，是寄托理想的心灵空间和文化资本。

古今中外的文人学者都在书房中贡献了人类最宝贵的精神财富，他们的书房也都名声显赫，刘禹锡的“陋室”、齐白石的“寄萍堂”，贵为一国之君的乾隆也有“三希堂”。书斋与主人的

涵养相契合，淡泊以明志，素雅以求品格，晴耕雨读，诗书传家。

在一个家庭中，很少有不方便与他人分享的角落，书房算上一个。书房是很私密的空间，绝对要凭主人自己的喜好进行设计和选择。由于职业原因，我在家工作的时间很长，所以非常重视书房空间，一定要把书房安排在南向的最大房间。曾经的住所除了起居室，就只有一间南向的主卧，于是，起居室就成为我的敞开式书房，用书柜填充了一面主墙，看起来既气派又有书香气息。老舍先生说："我的理想家庭要有七间小平房……一间书房，书籍不少，不管什么头版与古本，都是我所爱读的。一张书桌，桌面是中国漆的，放上热茶杯不至烫成个圆白印。文具不讲究，可是都很好用。桌上老有一两枝鲜花，插在小瓶里。”称心如意的书房可以怡情养性，是最奢侈的生活体验，某种程度上，书房文化就是家学传承的灵魂所在。

有条件的书房，一定要讲究

书房要有明亮的窗。午后的阳光洒进去，照在书本上，文字也有了温度；照在电脑上，心情也晴朗起来。春花秋月夏雨冬雪，且不说窗外的景色如何，至少要有清风徐来，享受呼吸自然的畅快。读书工作常常辛苦，没有阳光和微风，就缺少洗涤凡尘俗务的灵性。

藏书，是书房的重点。皮日休说，“唯书有色，艳于西子；唯文有华，秀于百卉”。陆游的书房取名“书巢”，“俯仰四顾无非书者”。书籍是人生的财富，藏书，既可以升华人的学问气质，还可以营造优雅的空间格调。书籍的摆放需要依靠书柜书架，分类是门学问，陈列是门艺术。整齐排列会像图书馆一样无趣，可以尝试混搭横向和竖向放置，还可以装饰摆件和各种饰品，错落的陶器增添厚重的历史感；艺术品和摄影作品增添色彩，打破大面积重复书籍的单调感；放置轻巧的绿植，以随时缓解眼睛的疲劳。

书桌要实木的，看得到木头的纹理，不要玻璃板不要大理石不要真皮，长时间伏案，只有原木才能贡献温润的触感，并留下岁月摩挲的痕迹。书桌旁的椅子要有靠背，如果不那么舒适，那软软的沙发椅就是非常重要的补充了。书房大的话就可以安放三人沙发，看累了书就小憩一会儿，或倚或靠，比林黛玉的美人榻舒适；如若空间有限，也要有一个单人的沙发，窝在里面翻书，内容也会惬意；空间真的局促，还可以放下一款席地的懒人沙发，铺上一块厚厚的地毯，变成亲子读书的小空间。

总之，读书是一种享受，精神愉悦，身体也要舒适。

中式传统书房里要有几案和花架，有花瓶插花，有香炉焚香，有奇石盆景，有纸墨笔砚，不看书的时候，点一根香，写几个字，抚琴一曲，沉香与墨香萦绕。《红楼梦》中有一联，“宝鼎茶闲烟尚绿，幽窗棋罢指犹凉”。传统的生活美学讲究器物和精神的连接，传统的闲适哲学讲求文人心性的栖息和归属，书房就是浮沉俗世间的一片净土，生活的诗意就在这片清静自在里。

商务人士的现代书房里，要有电动百叶窗，有投影电子屏，

有各种高科技设备，有现代主义家具的简约线条和蓝灰色调的冷静克制。LED 的灯带把书籍和文件照耀得清晰明确，舒适的办公椅，自由旋转的地球仪，用极简和高效匹配“坐地日行八万里”的豪情，世界尽在掌握。

如果你向往艺术家的书房，可以用窗帘、地毯、桌布的大面积色块产生视觉的冲击力，可以布置画架、石膏像、满墙的艺术品和各种艺术摆件。艺术能赋予空间神奇的魅力，带来高雅的格调，置身这样的环境，就永远有灵感涌动、激情迸发。不过也无须太整齐，毕竟“凌乱”才是艺术家的style。

没有独立的空间条件，书房也可以创造

有条件的书房当然可以肆意打造得惬意舒适，而如果没有条件,什么样的空间都可以是书房,与面积、朝向、家具统统无关。

空间有限的小户型完全可以采用起居室和书房二合一的设计，正如我曾经的居所。如果想要空间互不打扰，用一面玻璃墙壁做隔断，或者把沙发的位置前移，留出书桌的空间，把会客休闲和工作学习进行区分。如果藏书很多，可以用一面墙来放置书柜，把电视或者投影嵌入书柜，就可以娱乐、用功两不误了。

没有大块空间，就把书房挤进卧室，挤进阳台，挤进餐厅。

我见过小户型的设计，在餐厅放一张大大的实木餐桌，吃饭、喝茶、工作，空间三合一。亲朋好友和家人都可以围坐一桌，相处的方式既可以是温馨聚餐，又可以是美好的精神交流，反而成为一个家庭最有凝聚力的地方。

理想的书房在每个人心中都有不同的样子，当现实不理想时，宁可凿壁偷光，也需笔耕不辍。苏东坡一生坎坷，颠沛流离，“长恨此身非我有，何时忘却营营”，在黄州时他的书房叫“雪堂”，在定州是“雪浪斋”，在惠州是“思无邪斋”“德有邻堂”，甚至在海南搭建陋室“槟榔庵”。“此心安处是吾乡”，再恶劣的条件，也无法阻止他写下流传千古的诗句、光芒万丈的文章。

因此，真正的书房，在每个人的心里、脑海里，在于心灵的喜悦和思想的奔腾，藏得下书籍万卷，格局无限宽大。

茶事念念

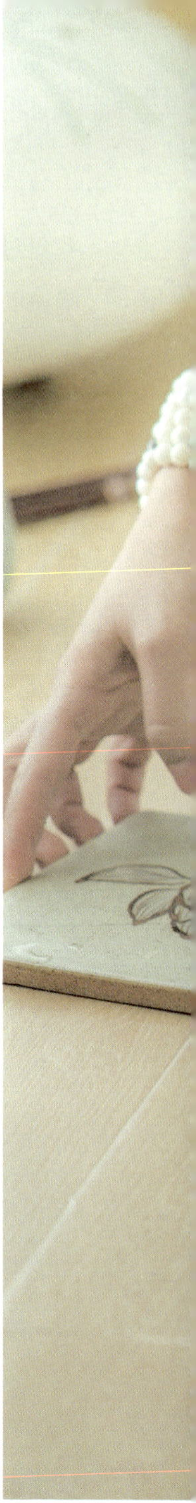

留白的幸福茶生活

有时候，对待生活的态度不免纠结：一方面，各种成功学和励志学都在教我们如何“趁早”“自律”“做少数人”，把每天的工作计划都排得满满当当，把人生的每一步都走得分毫不差；一方面，却总向往一种传统文人的闲适，向往木心先生描写的“从前的日色变得慢，车，马，邮件都慢，一生只够爱一个人”。似乎每个人都在纠结中，被时代的大潮裹挟，时刻充满“不进则退”的焦虑和矛盾——某一天发狠奋进，某一天又找借口懒惰。对我来说，唯一不变的幸福的时刻，就是留给自己喝茶的时间。

席地而坐，静静地煮水，焚一炷香，拈一朵花，待水温合适，用以焕活茶的生命，看茶叶在杯中由蜷缩变得舒展，由漂浮进而慢慢沉淀，一壶壶注水、出汤，闻香、品尝。一个人在煮水、投茶、冲泡的过程中，更容易静下来、慢下来，享受这份闲适从容。纪录片《茶，一片树叶的故事》中，有一句话深入我心——“在不完美的生命中感知完美，哪怕，只有一盏茶的时间”。这一盏茶在奋发的时候给自己奖励，这一盏茶在懒惰的时候给自己反省，这一盏茶是身心的放空，是时间难得的留白。

留白，从绘画到茶日常

留白是中国绘画的惯用手法。西方的古典油画在画布上敷上厚厚的油彩，层层叠叠的颜料中累加时间和价值；中国的传统山水画，则强调大面积“空”和“虚”的留白。留白是代表二维空间里无限悠远的景致，似天、似水、似烟、似云、似光，留有余地，是充满想象的诗意空间。

仔细想想，茶生活的日常中，也处处有留白。

对于鲜嫩的茶叶，适宜的温度便是留白，温度高就不会给茶芽留有焕活生命的时间，迅猛的刺激只能泡出浓酽苦涩的茶汤，缺少顺滑的口感。

倒茶也要留白，茶要倒七分满，否则举杯烫手，这种“满”缺少对人的体贴和关切，没有进退的余地；茶席要留白，繁杂无序就会缺乏主题，也阻塞气韵的流动；茶会要留白，太过周到就少了真诚，也少了些许遗憾的乐趣，过犹不及；谈吐也要留白，不涉及世俗功利，才堪“精行简德之人”，说得太多，就缺失了平和中正的姿态。

留白是茶生活的沉静

中国美学推崇的虚空，并非“无”，而是超越技法的生命力。留白即是这种“言有尽而意无穷”的通透，是绚烂之极归于平淡的极简之美，是一种深沉的含蓄之美。

唐代文人爱茶，留下的茶诗很多，很喜欢几位文豪的《月夜啜茶联句》。“素瓷传静夜，芳气满闲轩”，“素”是茶器的基调，“静”是心灵的放松。器的选择要素雅，花哨的色彩图案会破坏茶汤清透明亮的雅致，也会干扰情绪的平静；茶席的营造要素朴，不可多做修饰，适当留白。只有这样视觉的“净”，才能换取心灵的“静”，给人可收可放的调节空间。

非沉静不可与论滋味。一杯好茶，水温的高低、水量的多少、以怎样的速度注水出汤，都需静心专注，温柔以待。我有一位朋友，泡茶很是美味，追问他冲泡心得，才得知他是以自己的呼吸频率计算注水和出汤的时间，让人大为感慨。如此专注和稳定于动作之间的间隔，其实是一种“心”的节奏，是呼吸与肢体的放松，是用心体会茶的“此时”“当下”。就像练琴的时刻，如果忙不迭奔向下一个音符，那琴音就会慌乱无序，只有真正静下心来体会每一个音符的余韵，琴音才会有敲击心灵的美妙。

泡茶，不是机械动作的重复；品茶，也不仅仅是“泛花邀坐客”。茶汤在壶中孕育，在杯中流淌，空气和能量在场内的流动，是变化着的，也是有感知力的。只有慢下来，放空思绪让头脑真正休息，用沉静的气息排除掉无谓的干扰，才能泡出馥郁芬芳的茶汤，才能为身心洗涤疲惫、积蓄力量。

留白是茶人理想化的精神追求

回顾中国人饮茶的历史，就是不断剔除欲望、回归初心的过程。世俗观点一味求快、求满、求全的“成功学”，其实是对生命能量的透支和损耗；庄子和惠子从北冥的大鱼到濠梁的鯈鱼，以各自的幻想和思维辩论宇宙中的“快乐”，主观的浪漫和客观的逻辑也未分胜负；相比之下，我们多么幸运，只需借一杯清茶，便可拥有超越世俗的放松与舒畅——诗僧皎然说：“一饮涤昏寐，情思爽朗满天地。再饮清我神，忽如飞雨洒轻尘。三饮便得道，何须苦心破烦恼。”三杯茶后，茶完成从物质到精神的华丽转身，有了以茶入道的精神力量。

喝茶，有了留白的心态，就能散发出东方美学的意蕴，虚静睿智。“涤心源”，就是用茶洗去铅华、返璞归真、照见内心的过程。茶的平和滋味，教会我们“静”的气度。年轻时迷恋咖啡和酒精的刺激、矛盾激烈，只有经过岁月洗礼，才懂得，拥有沉静、素朴、低调的生活，就是最美好的人生。正如茶的制作程序复杂、冲泡过程繁复，一旦入口，精神体验却简单至极——唯有闲适恬静的心态，才能感悟茶的真香，定格茶的清和之美。

老子主张“不见可欲，使心不乱”。可我们毕竟是社会性的动物，现实生活的压力摆在眼前，“不见可欲”太难太难。但我们还可以借助茶的物质属性获取精神的力量，在忙碌的一天之中，留出空白的时间给自己，在忙碌的一生之中，留出让自己感到愉悦的爱好给自己。

林语堂先生说：“只要有一只茶壶，中国人到哪儿都是快乐的。”香远益清的茶汤入口，沉浸、放空，平时工作和生活上的紧张和焦虑，慢慢随着温热的水汽吹散，用心去品，感受物外之趣带来的心灵的满足。

留白，是茶人理想化的精神追求；喝茶，是定格幸福的时刻。

茶中气韵

刚刚学喝茶的时候，老茶客们遇到好喝的茶，会赞叹“茶气”很足，于是心里画出个问号，茶的“气”到底是一种什么东西？都说会喝茶的人讲求体感，我想，从中医的角度出发，人的肉体是由“血”和“气”组成的，茶的“气”之所以能让身体舒畅，一定跟身体的“气”同步同频。

“茶气”与身体的“气”一样，都有点抽象，既是个名词，也是个形容词。茶事是一个行云流水的过程。初遇茶道，总是会被茶人优雅而柔美的动作吸引，在一次次实践中慢慢了解：茶的冲泡要配合气息的吞吐，有控制的呼吸，节奏才能做到动作的连贯有序、平稳有力，也只有均匀的呼吸才能配合出水流的不急不缓，茶汤的顺滑适口；动作之间有节奏的停顿也非常

重要，尤其在注水或出汤的瞬间，身体里的气注入茶汤，有形的茶叶从可见的物质，幻化成能被身体感知的“生命律动”，流淌在器皿内，再到唤醒精神力量和审美趣味的心灵品位，就是由“气”到“韵”的过程。

明代顾凝远在《画引》中说“六法，第一气韵生动。有气韵，则有生动矣”，不知道从绘画理论解读茶气是否合适，但我确实在茶中感受到了“气韵生动”的美感。从视觉到嗅觉，从动作到体感，处处蕴含“气”与“韵”的相伴相生、和谐统一。

视觉的韵律

韵律是来自音乐的概念，是由节奏的变化产生的。

茶席的展示、器物的陈列，都可以形成线条的流动感和节奏的韵律感。例如茶杯的摆放，直线的中正平和、曲线的圆润流畅，都有线性的生动和节奏感。韵律还可以是茶席设计的构图原则：茶席间的器具如果以茶壶为中心环绕或环抱，是中心性的构图，这种茶席的韵律是由中心向四周的辐射，主辅清晰、重点突出；没有明显的中心性构图多属于散点式构图，空间布局更加宽松舒展，韵律也更趋舒缓，更适宜较大茶空间的意韵创造。

茶席中的装饰物也能创造出独特的韵律美。席间挂画尤以行草书法为佳，书法艺术的线条之美是东方审美的极致，是气韵生动的最佳表现，一气呵成，抑扬顿挫，气的张力和韵的雅致为茶空间增色。我曾经见过一个茶席，它用日本“枯山水”造园手法来营造席中意境：细白的砂石平铺，再用茶针刻画出平行流动的曲线，犹如“高山流水”从茶台流淌到席间。“水”的流动带来自然的气息，亦体现茶人与宾客之间的心灵默契。

动作的气势

茶的冲泡是一门艺术，表达了冲泡者对茶的内在精神和外在表现的统一，是由“礼”的内核展现出的一种“有神”“有意”“有风度”的动势，或圆熟流畅，或风度翩翩，是一种经过主观强化的视觉秩序。

曾经被日本茶道如舞蹈般的优美动作深深吸引，觉得国内茶艺师泡茶太讲求实际，缺少美感。再后来，慢慢对形式之美和意蕴之美有了自己的对比和判断，开始领悟到冲泡动作中的“气”与“势”是如何蕴含并表达着深厚的茶文化内涵。茶艺的演示过程讲求“重的东西轻轻放下，轻的东西重重放下”，以轻重缓急的更迭生出节奏的美感；取物要用双手捧取，以端稳的动作展现茶人内心的“敬”；取物或揭盖的曲线路径、冲泡用逆时针的回旋手法，都在茶席上用身体带出一种圆融之气，包裹、怀抱、环揉，以太极般的动作将茶加以运化。

还有一些特殊的冲泡技法，如冲泡台式乌龙茶的时候，因要避免公道杯对香气的折损，需要将茶汤直接斟入闻香杯或品茗杯中，“游山玩水”“关公巡城”“韩信点兵”，平均分配茶汤的动作，是线与点的交替、是直与曲的交合，观赏性和韵律感极强。在用玻璃杯冲泡名优绿茶时，惯用“凤凰三点头”手法，从杯口注水，迅速抛物线拉高水流再迅速压低，三次低斟高冲，均匀地上下起落，形成内扣的环状，使得鲜嫩的绿茶翩翩起舞，有助于内含物质充分融入茶汤，也是向品茶者的三次欢迎致敬。

味觉的香韵

不同的茶树品质与加工工艺，使得茶香千变万化，几百种芳香物质的美妙，是茶吸引人的重要因素。茶的香气从专业的角度，可分为地域香、品种香和工艺香，但从品茶者的角度，茶的香是一种有形、有层次、回味悠长的韵味。

有的茶香浓郁绵软，如某些绿茶，如果以形状形容，是如丝巾般扑面而来的包裹感；有的茶香清幽含蓄，如白毫银针，形似一缕线，幽幽吐纳，延绵不绝；有的茶香锐而高扬，如老树普洱，似一把匕首，迅速冲入鼻腔，冲上头顶；有的茶香则沉而厚重，那香气入口就迅速碰撞在口腔四壁，而后沉入食道，如武夷岩茶充满矿物香气的丰富性，糅合花香、果香，“岩骨花香”的激荡，名不虚传。

茶汤入口，除了香韵还有喉韵，由于茶叶

中的茶多酚、脂多糖、果胶以及氨基酸等内含物质的刺激，舌头和喉咙都会分泌出唾液。茶的美妙之处正在于此，品饮之后的生津和回甘，就像乐曲的“余音绕梁”，或是文章的“言有尽而意无穷”，令茶的韵味更具情趣。

体感的气与律

喝茶的高级境界，便是对“体感”的追求，几杯茶入口，浑身毛孔舒张，同时感觉到能量的渗透、经络的疏通、精神的愉悦。中医把人的体质分为平和型、气虚型、阳虚型、阴虚型等九种。不同体质的人都有适宜的茶可以匹配，比如阳虚型的人不适合喝绿茶，湿热型的人则适宜多喝绿茶，茶的选择与体质相适宜才好。

另外，宇宙是按一定的规律运行的，身体就像一台精密的仪器，感应和追随着这些规律。而体感的舒适也要遵循这些规律。四季与二十四节气对应不同的心情，也讲究喝不同的茶：春天喝花茶，可以“理郁气，助阳生”；夏天喝绿茶，因为“清热解暑，补充维生素”；秋天喝乌龙茶，润肺降燥去火，还可以刮去秋膘；冬天喝红茶或者后发酵的黑茶，暖脾胃助消化。就算在一天之内，也有最适宜喝茶的时间及其相宜的茶品，比如上午工作时来一杯清心抗辐射的绿茶，下午疲劳时用乌龙的香气提神，晚上喝点熟普洱。最佳的饮茶时间是下午3点到5点，这段时间是身体经络中的膀胱经“当值”，此时段喝茶可以补充身体水分，加速新陈代谢，洗涤身体内的浊气和杂质，还不会给肾脏增加多余负担，是日常排毒养生的最佳方式。

艺术中的气韵是审美的，是抽象的，而茶中气韵则是实实在在可以感受到的——茶的鲜活生动、茶席的匠心独具、冲泡的圆熟含蓄、香气的迷人、体感的舒畅，都是韵律之美的表达，都是茶赋予生活的艺术之美。

江南无所有，聊赠一枝春

“不喝春茶，怎知春日如许？”迎接春日的仪式感，往往是从喝到“明前”“雨前”的新茶开始的。

前几日，在网络上早早预定的“狮峰龙井”到货了，小心翼翼地拆开包装，原木的盒儿，白瓷的瓶儿，拧开瓶盖，一股江南的嫩绿春意带着些许炒制的火气，伴随着龙井特有的豆香，在午后的阳光下氤氲而出，丝丝缕缕、缠缠绵绵，让人满心欢喜。在盒子的底部发现一个小便签，上写“江南无所有，聊赠一枝春”，心下更是有种被故人牵挂的温暖，明明是预付费的交易，却因一句小诗，改变了商品的基调，寄予非常的情感。

之后不久，托一位老家在苏州的朋友买点碧螺春尝鲜，她

不由分说把茶寄到了家里，说什么也不肯收我的微信转账。于是，碧螺春投在水面后，扑簌簌地沉入杯底，浸染了嫩绿茶汤的，是沉甸甸的情谊。年纪越大，对身边的人和事越发珍惜，这远方江南的新绿，不只是鲜爽与回甘的口感，更是与朋友相互分享的回忆。

历史上有名的茶诗里，有很多都是在表达谢赠：白居易的《谢李六郎中寄新蜀茶》、梅尧臣的《依韵和杜相公谢蔡君谟寄茶》、齐己的《谢中上人寄茶》，就连我们熟知的卢仝的《七碗茶歌》，也节选自《走笔谢孟谏议寄新茶》。之前读这些诗，感觉其中的诗句是把重点都放在描写茶的来历和饮茶的状态上了，如“春山谷雨前，并手摘芳烟”“红纸一封书后信，绿芽十片火前春”“小石冷泉留早味，紫泥新品泛春华”，因此觉得题目之中的“谢赠”，不过是顺带礼节性的感谢，可是现在想来，已能深刻体会到其中的情谊无限，“地远劳相寄，无来又隔年”“不寄他人先寄我，应缘我是别茶人”“开缄宛见谏议面，手阅月团三百片”，寄茶、赠茶，收茶、受赠，实在是中国茶文化的典范和代表，是礼，是敬，是君子之交淡如茶汤却心心相印的情。

如今物流方便、网上交易便捷，朋友之间赠茶便少了古人的欣喜若狂，可是“礼”“敬”和“情”终是被茶人延续下来，换了一种形式存在，那便是与人分享。

我的微信签名是“半壁山房待明月，一盏清茗酬知音”，在我心中，品茶，最美妙的气氛，莫过于与爱茶的朋友相邀共饮。喝茶久了，自己留存了些难得又量少的精品，一些是友人馈赠，一些是亲访茶人、茶山而得，平时自己总舍不得喝，但遇到同样爱茶的朋友一起分享，一下午喝上七八种，便会满心欢喜。就像栊翠庵里妙玉设下“梯己茶”招待宝玉、宝钗和黛玉，茶且不说，光是古董茶器和旧年瓮藏的梅花雪水，就让人浮想联翩、倍感珍贵了。“二人得趣”“三人得味”，候茶中庄重的眼神、品茶时享受的微笑、品饮后一声“好茶”的赞许，不需言谢，对主人来说，已胜过千言万语。

我在大学里教授一门“中国茶文化”课程，每节课，克服困难重重，也要想办法在理论讲述之后，带学生们一起品一两款茶，完成每学期近20款茶的习茶纪录。每款茶，都选品级较高、味道较标准的样茶，只为学生们通过手、眼、口、鼻的近距离接触，用心感受茶带来的力量。与学生一起品茶的心情，就像与好友一起分享的喜悦，我期待用自己的热情和对茶的理解去打动他们，进而让他们爱上茶、爱上茶文化。只有好茶，才会让这些平时习惯咖啡可乐的孩子眼睛发亮，而一杯茶汤背后，他们对中国传统文化的理解会更加立体和深刻，这也能让他们为人处世时增添茶人“精行俭德”的道德标准。

“江南无所有，聊赠一枝春”，所有爱茶的人，对茶的感情都真诚而炙热，深藏于内心之中，淡淡的邀请、淡淡的冲泡、淡淡的品饮，但你若是知己，定然懂得，喝到嘴里的不只是一杯茶汤，更是茶人赠予你的整个春天。

夏天的茶

在炎热的夏季，从户外进入到室内，再精致的妆容也阻挡不了满头大汗的狼狈。出汗真是件让人恼怒的事情。可不管多么热，还是想喝热热的茶，喝下去，汗就顺着身体往下流，流过汗水的脊背会生出丝丝凉意。说也奇怪，同样是汗，喝茶出的汗格外舒爽，茶汤冲刷身体里的暑气，带走了热量，不仅口腔生津，连五脏六腑都像洗了个热水澡般干净清爽、内外通透。蔡襄有诗："投凉下马卧僧家，…… 解与尘心消百事，更开新焙煮灵芽。"原来，茶才是夏天的绝配。

盛夏的情思要留给赏荷，荷花除了可以让人观赏亭亭玉立的美，还可以与茶生成清幽韵雅的荷花茶。沈复的《浮生六记》记载："夏月荷花初开时，晚含而晓放。芸用小纱囊撮茶叶少许，置花心。明早取出，烹天泉水泡之，香韵尤绝。”最是喜欢这种“精致的淘气”，于是约上三五知己，在一处荷塘寻了几枝荷花，把早春绿茶用茶包包好，置入荷花心，扎紧，第二天一早再去，荷塘里早就不见了昨日辛劳的踪迹，只好席地布一方茶席，荷叶荷花做背景，只当是“映”了茶中的荷香。再后来，买来鲜切的荷花花苞尝试，“简易版”倒也颇得真趣，茶香借了荷花花魂，便清幽可人，给热辣夏日带来一丝青涩娇俏。

夏日酷暑难耐，就格外偏爱雨天，小雨“淅沥沥”、大雨“哗啦啦”，最过瘾的是大暴雨的“噼里啪啦”，有种铁锅炒豆子的痛快，雨落在水泥地上的“嘀答嘀答”声很好听，落在竹叶

上是“唰唰”声，落在大厚叶片上，就会有“嘭嘭”的声音出现，有特别的诗意和情调。雨天的窗前是喝茶的最佳位置，煮水加上听雨，可以调动五感，激发情感，让品茶更加立体；不过，如果天气炎热、日照强烈，窗边位置就失去了优势。拿个蒲团找个阴凉的地方席地而坐，便可以感受到更多的凉意。

夏天的茶席更依靠视觉，选择淡绿色、淡灰色的铺垫，选择白瓷的茶器，选择灰绿色的白茶放置在茶荷上，或是在玉兰杯里盛上碧莹莹的绿茶茶汤，看过去就能消暑降温。玻璃和琉璃的茶器也很合宜，便于观赏鲜活的芽茶，如何遇水直立，怎样翩然起伏地舞蹈，再烦躁的心情也能立刻平复，感受惬意。插花一定要选竹编小花器，里面插上一枝颜色淡雅的小草花，简单清雅。茶点就搭配白色糯米包裹红豆馅儿的凉糕，晶莹剔透的外观带来冰雪凉气；或者是清热解毒的绿豆糕，一定要是模具刻出来的老式糕点，自带怀旧滤镜；和果子过于精美，放在夏天的茶席就不够平易近人，等秋季再唤它华丽出席。

至于夏日茶养生，很多人喜欢多喝绿茶，绿茶性寒，夏日饮用具有清热降火、生津止渴、提神抗疲倦的作用；也有很多人喜欢喝焙火的武夷岩茶，半发酵的乌龙茶利于行气活血、除湿降暑；我在台湾地区访学过半年，发现当地人特别爱喝冰镇过的冷泡茶，确实味道甘甜，但也寒凉加倍，寒气凝结于五脏，于养生大为不利。生活在夏季潮湿的沿海城市，夏日格外偏爱六堡茶，可对抗湿气，排毒解腻助消化，价格也特别亲民。黑茶用来冲泡，味道变化不大，不如直接拿来煮饮，把茶叶装在小袋子里，投入陶制的煮茶壶，煮出来的茶汤深红色如红酒般醇厚，喝在嘴里也是醇滑甘润的槟榔香。

天气炎热，夏天烧茶的电水壶也有点懒懒的，“咕嘟咕嘟”的煮水声，有点低沉倦怠，少了份生气，不如学古人“红泥小火炉”的诗意，架起泥炉，烧炭煮水。红通通的橄榄炭在湿热的空气中氤氲出蒸腾的水汽，比起炉火周边的温度，天气似乎也没那么酷热难耐，有点以毒攻毒的意味。炉上放置砂铫，可以过滤橄榄碳的烟，煮出水来格外添香，砂铫的小盖子随着蒸汽“咔嗒咔嗒”地快速跳动，特别可爱，是时下最流行的卡点节奏呢。

不管多热，茶还是要和友人一起喝的，仿佛受到炙热天气的影响，夏日茶席不似其他季节的含蓄雅致。约夏茶的小伙伴极少穿优雅的丝绸，宽宽松松的麻质衬衫、棉质连衣裙，轻松透气，大汗淋漓也不尴尬，席地时更有点洒脱的魏晋风度。夏日的茶品不那么挑剔，泡茶喝茶的动作虽然也缓慢，但节奏频率明显更快了，至于谈资，春花秋月有点寡淡，不如聊点暑期影视、综艺娱乐、美食八卦，口无遮拦、开怀大笑。

夏天约茶有种贫贱之交的随性，又有点奋不顾身的豪气，毕竟能顶着似火的骄阳赴约，总要靠点豁得出去的激情和冲动。夏天的茶可浓烈可清淡，但情绪丰富、活力十足，有冲撞、有矛盾、有热情、有魅力。

夏天的茶，你约了吗？

茶席之美

我爱上喝茶是一个偶然。偶然在一个心情郁闷的午后，被朋友拉去参加一个茶会。茶会地点在崂山的一间民宿，找了片落满黄叶的空地，分别布置了几个席地茶席，那时，对茶还全然不懂的我，一瞬间就被各种有美感的茶席和漂亮的茶器吸引了，壶、碗、盘、盏，造型千姿百态、材质奇巧精美，尽显品位。“雨过天青云破处”是汝瓷的含蓄；“建安瓮碗鹧鸪斑”是黑瓷的深沉；“白如玉、薄如纸、声如磬”是白瓷的优雅；“口唇不卷，底卷而浅”是碗沿的形制之美；长颈细腰的执壶，是始自宋代的温婉韵致；“天盖之、地载之、人育之”的三才盖碗寄寓“人行草木间”的敬意；“赤泥开方印，紫饼截圆玉”，可抵千金的紫砂壶，美在黄金比例的线条和气度。

再后来，了解茶、研究茶，并在学校里给学生们授课“中国茶文化”，属于茶的美感引导我走入茶的世界。在我看来，茶艺的“艺”不只是技艺还是艺术，中国茶德“和敬廉美”的“美”，是美学生活的精神享受，就落实在“有美感”的茶空间，和用真水、活火、妙器，创造舒适惬意的茶境。用艺术的方式传播茶，会让很多爱美的女性因此爱上与茶为伴的生活。所以，不妨先来聊聊如何用茶席的美感给生活带来格调和仪式感。

茶席，是当代茶文化的新兴词语。周文棠先生在《茶道》一书中如此定义：“茶席是沏茶、饮茶的场所，包括沏茶者的操作场所，茶道活动的必需空间、奉茶处所、宾客的坐席、修饰与雅化环境氛围的设计与布置等，是茶道中文人雅艺的重要内容之一。”茶席的布置，因茶人的品位，产生不同的图像和用器选择，这是一种审美过程，是美的发掘和美的表现。

茶席有中和之美

“中和之美”即为“和谐之美”。以儒家思想为主导的中国古代政治思想，使“和谐”成为整个中国传统文化的重要价值原则。不偏不倚、文质彬彬的“中和思想”是中国艺术的审美观念，富有极深的精神内涵。

中和之美体现在茶席设计的标准上，限定了作品的形式和风格是以平和、平静为要求，就像一位君子，“文质彬彬”是内在道德品格和外在礼乐修养的统一。以中和之美为标准的茶席设计，实际上是强调视觉心理的静止和稳定感。这种美感有助于茶人感受内心的平和，以“不以物喜，不以己悲”的心态，以不受外界事物过多干扰的平静，关注当下的品茗。中心式的构图法最宜体现中和之美，圆融、均衡、对称的器具组合也是常见的展示形式。无论是茶器本身、茶器与茶汤的搭配，还是周围环境的营造，都须避免出现直角和尖锐感，线条和器物追求流畅和圆润；色彩和色调以素朴为佳，避免浓烈和大对比的色彩关系，给人以平和稳重的视觉美感；插花、焚香、挂画和相关工艺品的构成，则强调忽略各自独立的美感，而与整个茶席融为一体，相得益彰，以追求符合古典美学的和谐统一。

茶席有意境之美

“意境”是一个抽象的概念，但抽象不仅不会限制茶席设计的发挥，反而解放了设计者对“物”与“形象”的束缚，为创作提供更广阔的想象空间。意境的核心是“意象”，意象的创造经常以象征和比喻的修辞方式出现，是在茶席中表达茶人的情感或者某种观念。

例如茶席中常见枯木、山石，象征茶的岁月沧桑，深深镌刻着不可遗忘的旧时光，那入口的茶滋味，则是洗涤尘埃之后的沉香。再如白沙倾泻，日本园林造景之法“枯山水”在茶席中的流淌，也将“茶禅一味”的出尘打造得亲近可观，那高山流水遇知音的夙愿，不也正契合以茶会友的情境吗？

一个好的茶席设计，要符合主题思想的表达，要在创造意象之后渲染出意境，而这种创造和表达必定是饱含情感的，必然要引起参与者的共鸣共情，迅速感悟其中的思想，才能达到情感的沟通，移人之情，以情至境，并获得默契和感悟带来的快乐。

茶席的布置，因茶人的品位，产生不同的图像和用器选择，这种短暂的审美过程，有约定俗成的文化法则，通过主观的巧妙安排，以茶器和其他元素为辅，经茶水由壶至杯的传递，将参与者带入一个凝聚神韵、充满仪式感的心灵归属空间。这种安定、沉静、感染、认同和肃穆，就是最好的意境之美。

茶席有自然之美

中国传统哲学中的“道”，被认为是诸子百家中最具有审美意味的艺术精神。道家推崇以功能为主而极尽自然之美的物品，“大巧若拙”，是指真正的审美应具有更高的格调与品位；“道法自然”，是指道家审美追求自然和自由的精神；“天地有大美而不言”，是指一切自然界中绝对自然的美，才是美的终极法则。

唐代梁藻《南山池》诗云，“拟摘新茶靠石煎”；明代罗廪在《茶解》中描述饮茶环境：“山堂夜坐，手烹香茗，至水火相战，俨听松涛，倾泻入瓯，云光缥缈……”；明代路树生在《茶寮记·茶候》里谈到适宜饮茶的地点应“松风竹月，晏坐行吟，清谈把卷”；文徵明在《品茶图》中描绘“碧山深处绝尘埃，面面轩窗对水开”；许次纾在《茶疏·饮时》中列出适宜饮茶的二十四种情境：“……风日晴和，轻阴微雨，小桥画舫，茂林修竹，课花责鸟，荷亭避暑，小院焚香，酒阑人散，儿辈斋馆，清幽寺观，名泉怪石。”这些描述，都将茶置身山水之乐的空间，少不了自然景物的参与、天人合一的品饮环境。

“人行草木间”，茶作为大自然的馈赠，与花草木石一样，都是精灵之物，置茶席于自然之中，用最质朴实用的器具将自然物融入茶席空间，既提升了雅趣，也是身心灵与自然的对话。

茶席有朴质之美

美学大师宗白华先生用“出水芙蓉”和“错金镂彩”来对比中国古代艺术设计的两大美的理想。法门寺出土的一套唐代鎏金茶具，精美华丽，是错金镂彩繁复之美的代表。茶文化发展至宋代，且不说大小龙团的制作“杂以诸香，饰以金彩”，对烹茶所用器具的样式、质地、材质也有诸多要求，比如汤瓶要“瓶要小者，易候汤，……黄金为上，人间以银、铁或瓷石为之”（蔡襄《茶录》），由此可以领略宋代士大夫对茶器精工细作的讲究。

虽然对两种美感的评价是“相济有功”，但自宋代起，文人士子转而推崇含蓄内敛、平淡素净、返璞归真的简约之美。典雅秀丽的审美格调,被认为是精神上的更高境界,符合庄子“朴素而天下莫能与之争美”的美学理想，正如中国山水画，从青绿走向水墨，最简素的黑白就是最丰富的色彩，奠定了中国传统文化精神“绚烂之极归于平淡”的审美标准。

梅尧臣说“愿携茶具作清欢”,欧阳修道“茶具偏于野客宜”，元代的熊禾更曾在《北苑茶焙记》中对富丽堂皇的贡茶堂大肆嘲讽。历代有品格的茶人都倾向于在简约质朴中抒写茶器的隐逸之情。日本茶道大师千利休也曾说："须知茶道之本不过是烧水点茶。"同样，茶席再美，不过一壶一杯，不过拿起放下，每个茶人心中都有一方净土，可容花木，可纳雅音，可放入秀美河山，那寄情于茶的外在形式，自然至真至拙至简单。

冈仓天心在《茶之书》中，将唐朝、宋朝、明朝的饮茶方式用艺术流派划分，分为茶的古典派、浪漫派和自然派。在我看来，当代茶文化的发展呈多元趋势，趋向侧重体验、强调自省与身心愉悦，对茶的艺术性提出了更高的要求。茶席艺术是典型的"从物出发"，必须要依靠茶器茶具等基本元素，但又"以心为主"，强调文化底蕴和审美情趣的挖掘。品茶，既是茶人嗅觉与味觉的盛宴，也是视觉美感的体验，茶席艺术表达的空间还很广阔，值得我们每位爱茶人在生活中多加体验与尝试。

“一期一会”与“廉美和敬”

近些年，日本茶道表演以舞蹈般的优美动作、华丽的和服和精美的器具吸引了很多茶艺爱好者，很多朋友都让我谈谈日本“茶道”与中国茶艺的比较。其实日本茶道源于中国，吸收了唐宋茶艺的形式，经过数次与本民族文化的融合最终形成了独特的体系。相对于中华茶文化博大精深的大体系和儒释道多源合流的内涵，日本茶道更重视技艺和本民族的文化特质，从茶文化内容的丰富性、思想的深刻性、茶礼茶俗的地域性，都显局限和单薄。但其中“一期一会”的茶道精神带给我极大的感动。一期一会，是指心存欢喜和感念，珍惜每一次喝茶的机会，把茶会视为此生唯一或最后一次相聚；茶会，是爱茶人的聚会，从茶会策划的角度出发，可以比较研究中日两国茶文化的差异，可以借鉴应用日本茶会的优点，同时继承发扬中国茶人的优良传统。

心心相印的“和”与“敬”

茶学家庄晚芳先生将中国茶德精辟概括为“廉、美、和、敬”四字，即中国茶人应秉持“廉俭育德，美真康乐，和诚处世，敬爱为人”的态度，与偏向于节制欲望、修身自省的日本茶道精神“和、敬、清、寂”相比，有着相似之处亦有不同。但两者不约而同将“和”与“敬”作为茶文化的核心精神强调，充分体现了中、日茶文化均根植于儒家思想，并且都在历史发展过程中提供了礼仪教化的作用。

传统日本茶会将“对客人的体贴和关心”作为出发点，要求遵守“利休七则”，包括：提前备好适口合宜的茶，提前添好炭煮水；茶室夏天要保持凉爽、冬天要温暖舒适，室内插花要像在原野中绽放；遵守时间提前准备，备好雨具未雨绸缪，时刻把客人放在心上。更多的体贴还体现在细节之上——茶会四季分明，冬日开炉、夏季换釜，随季节、节日变化，器具与动作完全不同；三月油菜花、四月樱花、五月山茶花，不同的月份呈上不同样式的点心；壁龛挂画和插花也要与相应主题甚至天气匹配等，可谓用心周到。

虽说中国古代的茶学著作描写记载了众多齐备的茶器、适宜饮茶的环境，但以文人为代表的中国传统茶会则表现出更多的潇洒和随性。明代黄龙德在《茶说》中写道：“明窗净几，花喷柳舒，饮于春也。凉亭水阁，松风萝月，饮于夏也。金风玉露，蕉畔桐阴，饮于秋也。暖阁红垆，梅开雪积，饮于冬也。僧房道院，饮何清也，山林泉石，饮何幽也。焚香鼓琴，饮何雅也。试水斗茗，饮何雄也。梦回卷把，饮何美也。古鼎金瓯，饮之富贵者也。瓷瓶窑盏，饮之清高者也。”似乎何种季节、何种地点、何种形式、何种器具，古人并不在乎，唯求友伴脾气相投，便可相对品茗，谈心论道。

只是，现代生活节奏加快，随性而为的茶会难得尽兴，更难体现茶礼中的主客之道，以“一期一会”的心态，策划一场体现和谐、礼敬关系的现代茶会，更能超越日常，让人留下深刻的印象，不时追忆茶会的美好。

首先是茶会的主题策划，中国茶种类丰富，历史悠久，与社会生活息息相关，比茶品单一的日本抹茶道拥有更多变的形式、更广泛的受众和更广博的文化内容，切入的角度和创意的主题选择都更有余地；其次是细节设计，赏心悦目的邀请函、与二十四节气相配的器具与茶席插花，与茶品搭配的茶点，茶席空间环境的布置，都给人以视觉上的美好感受；最后是流程的梳理，时间节点的控制，包括座位的设置和物料的准备等。

日本传统茶会的客人一般不超过四人，首席的客人往往是精于茶道者，优享更有价值的茶碗；相比之下，中国茶会的人数不设限，位置位次的安排没有区别心，敬茶不分主次，茶汤面前人人平等。

诞生于台湾的“无我茶会”采取一种“人人泡茶、人人奉茶、人人喝茶”的形式，器具不限、茶品不限，无好恶之分、无攀比之心，将礼敬表达得更为彻底。现代茶会的位次往往由客人抽签决定，这样既能避免攀比，也能让陌生人在茶会中相识相交，名副其实地“以茶会友”。现代茶会的签到处、洗手区，是茶会“礼敬”仪式的开端，每一位客人都需认真签下自己的名字，表示认同“精行俭德”的茶人准则，并将之带入茶会礼仪中；洗手，不只是讲求卫生，也是洗涤外部环境的嘈杂和浮躁，以雅洁之心步入会场；现代茶会的举办过程也非常关键，不拖沓、不仓促，恰到好处的节奏才会让客人意犹未尽。好的品位，就是来自引起共鸣、换取共情的贴心细节，是衡量“待客之礼”的标准。

寻“寂”与求“美”

日本茶道精神的“寂”，是日本古典美学的代表。对于这个古日文的翻译，一般理解是“静寂”“空寂”的状态，源于日本茶道的禅宗思想；更深层的含义是“寂心”，是一种抽象的精神姿态，摆脱客观环境的制约，获得内心感受的主导性。

中国茶德的“美”，是“中和之美”“和合之美”。中国茶文化的美学意蕴，来自文人墨客对茶的钟爱和参与，来自对天地自然的赞美和对诗情画意的追求。《梦粱录》里有“烧香点茶，挂画插花，四般闲事，不宜累家”，这里的“闲事”并不是“无关紧要、无甚意义之事”，而是一种不易获得的生活状态和人生体验，是无畏俗世浮躁依然心有所依的慧静。

“寂”与“美”都是以艺术情趣到达精神境界，显然，“美”比“寂”的概念更宽泛广博，更贴近世俗生活。鲍君徽的《东

亭茶宴》诗，记载了唐代宫廷茶宴的盛况，是奢华之美；《五言月夜啜茶联句》是文人士大夫因茶起兴，赋诗言情，是文雅之美；杜耒诗“寒夜客来茶当酒，竹炉汤沸火初红”是以茶待客的质朴之美；潮州工夫茶艺、白族三道茶、客家擂茶，是丰富多彩的民俗之美……有了美学意识的参与，生活情致便可以转变成审美情趣。

在“美真康乐”的精神指导下，一场好的茶会不是日常喝茶的升级版，而应该是跳脱生活空间，在不寻常、不易得的环境中，寻求生活艺术的至高境界，体会茶中意蕴。比如，日常工作节奏越快，缓慢而安静的茶会就更难得；日常喝茶经常伴随商务会晤，“止语”茶会能以规则让头脑放松；日常交流强调空间私密，一场开阔的户外茶会让精神更为松弛；日常生活使用垂足桌椅，席地茶会的跪坐、盘坐就别有滋味；日常喝茶器具精致、茶品讲究，“野趣”茶会就可借素朴的环境让心沉静下来。主客协力，用温暖的茶汤宽慰身心、陶冶性情，洗刷“焦虑”“迷惘”“纠结”“不知足”等心绪，以茶的淡泊，涵养一种优雅娴静的心境，守护内心的坚定。哪怕只有片刻的“空白”，也会积蓄满满的能量，收获“虽被世间笑，终无身外忧”的洒脱和自信。

体悟生活的分寸感

日本茶会的品茶仪式，讲求在喝干净最后一口时，发出“窣——”的声音，“啜而有声”是对茶的赞美；茶禅一味，蕴含着“安分知足”的道德意味。中国历史上有名的政治家也曾提倡以茶养廉，对抗奢靡之风，茶性俭，俭则养廉，“廉俭”是中国人的人格修养。茶德中的“廉”，以我的理解，是以敬畏之心，珍惜生命中的所有美好。

风行于宋代的“龙凤团茶”是中国古代饼茶制作的极致。丁谓发明了“大龙团”，蔡襄改进成“小龙团”，“其价值金二两，然金可有而茶不可得”。这样的奢华依然无法满足权贵“只求更贵”的执念，直至升级到茶芽中抽取芽芯的“银线水芽”和由芽芯制作的“龙团胜雪”，匪夷所思的价值追求，喝的是气派，却失去了茶的真味真趣。直到平民出身的朱元璋下令罢造龙团，“惟采茶芽以进”，颠覆了“团茶高贵于散茶”的观念，才深刻改变了中国茶叶的发展方向。因此，享受生活，不应只是享受生活的豪华，更要体会生活的分寸。自古以来，茶的口感以清苦纯净为佳，朱熹以“啜苦咽甘”来比喻生活中勤勉与享乐的相辅相成，才是社会生活的真实写照。因为了解一片树叶背后的故事，了解茶叶的制作工艺和历史文化，了解一阵幽香的来之不易，就不会在喝茶时一味追求“高贵”的出身、“高级”的口感、“高昂”的价格；因为懂茶，也就懂得坦然接受由淡入浓、由浓转淡的人生境遇。正如王恽在《茶约》中写“勿谓淡中无味，且从静里着忙”，写“汤响松风，已减却十分酒病；日拖竹杖，长行携两袖香烟”，抒发与茶为盟之情。

器物也是一样，身边最日常的器物，提供最便捷的使用方式和频率，用“有情”的眼光看去，器物便会回赠雪月风花，而以价格来区别对待，再美的器物也会光彩尽失。日本匠人制作传统的竹制茶勺时，都会有意识地避开竹上的节结，而千利休却认为，万物皆不完美，竹节是竹制器皿最天然最原始的姿态，残缺、古旧也是一种独特的美。法门寺地宫出土的鎏金银茶具，显示出中国古代茶具制作的高超工艺；日本僧人归国见闻，也写过宋代喝茶的富贵和品位，寺庙中就以银器为上。可贵为一国之君，爱茶的宋徽宗，推崇的还是“茶盏贵青黑”的建瓷；唐代的白瓷，类银、类雪，精细的素瓷自然是社会身份的象征，才有茶僧皎然写诗“素瓷雪色缥沫香，何似诸仙琼蕊浆”，但饮茶方式的变更，令茶学大家蔡襄弃素瓷而选黑瓷，“其青白盏，斗试家自不用”，器物的喜好与选择，终是要以宜茶为标准，客观、冷静、不炫耀。

因珍惜而爱，因爱而提升对生活的热情和审美的标准——“不慕富贵，安静虚无，所以为之富贵”——便是这种廉俭和分寸，也符合庄晚芳先生的希冀，将饮茶与社会主义精神文明相结合。

一杯茶、一颗心、一种人生，浓缩进“一期一会”，有对茶的“感性”抒发，更有理性的“悟道”， 严谨而繁复的礼仪是茶会的“形”，“廉、美、和、敬”的茶德，是茶会的“情”，是体悟幸福的真谛。每一场茶会的用心准备和郑重参与，都是为了在美好的日子与美好的人相聚，分享喜悦，分享一杯茶汤的甜美，共享美好时光流逝的满足。

布一方茶席

茶道艺术借由人与茶、人与器、人与人的关系来表现，茶席就是其间的桥梁。茶席由茶品、茶具组合、铺垫、背景、插花、相关工艺品等几大元素构成，通过不同的结构方式、题材和表现手法，进行动态和立体的空间呈现，品味生活的诗意美感；茶席设计虽说听起来颇为专业，但用心布置其实不难，只需把自己对茶的理解融入茶席空间，以爱茶之心赢得爱茶之人的共鸣。

日常居家茶席往往依四季布置，野外茶席依风景环境布置，商业茶席要体现品牌的独特性，雅集的茶席要配合活动主题。无论如何，茶席都是茶文化中美和艺术的表达，会令人产生情思和联想，增添生活的情趣。此处，简单聊聊几场主题茶会的茶席布置思路，以及如何选取题材，如何创意设计，如何完成视觉呈现。

依照茶品进行创意

茶字的构成，是“人行草木之间”，故而，茶本身的形态特色和文化价值，是进行茶艺表演和茶席设计的重要出发点。

对茶品色、香、味、形与名称的欣赏，既要提炼抽象的概念，也要超越具体物象的羁绊，体会茶文化带来的精神气质，并借由茶席的形式将其表达出来。在一次茶席设计大赛的评选中，一款“九曲红梅”的创意设计让我印象深刻：白色毛毡铺垫整个桌面，上面又斜向铺陈一块大红色茶席，背景是皑皑白雪覆盖若隐若现的古建筑图画，桌上粗陶花瓶斜插红梅一枝，瞬间把人带入“香中别有韵，清极不知寒”的意境，紧扣主题。

中国人饮茶的历史悠久，六大茶类各具特色。其中，绿茶碧绿盈翠的色彩和优美的外形，非常适宜茶席展示。宋代黄庭坚有词句“碾深罗细，琼蕊冷生烟”，《红楼梦》中也有一联“宝鼎茶闲烟尚绿，幽窗棋罢指犹凉”。我特别喜欢这个“烟”字，形象地表达出绿茶清幽又萦绕的香气，特别具有视觉美感，所以，以此为灵感，创作了“细蕊绿烟”的主题茶席。

作为表达绿茶的茶席，又有“烟”的意象，没有比玻璃器皿更适合的茶具了。锤纹玻璃茶器的肌理和质感，通透与朦胧并存，绿茶茶芽在水中翩翩起舞的姿态与蒸腾出的氤氲水汽相和，“烟感”十足；户外环境的盎然与春日阳光的暖意，加上绿色的铺垫和清雅的插花，将春茶的品饮演变为迎接春季的郑重仪式，更添滋味。

按季节进行创意

随气候变换选配不同的茶品，凸现的是茶的养生保健功能。一年四季和二十四节气，也为茶会提供了可供选择的主题。与纯粹强调养生功能的“二十四节气茶”有所不同，以“节气”为主题的茶会还要再营造一种节气的氛围，能够与茶人心境相映照，与由茶唤起的体感相匹配。

秋天是容易让人伤怀的季节，但同时也是一个充满绚烂色

彩的、收获的季节，一场于霜降节气举办的茶会，应该具备绚烂的色彩和饱满的情绪。宋代叶梦得有《水调歌头》让我印象深刻：“霜降碧天静，秋事促西风。寒声隐地初听，中夜入梧桐。……平生豪气安在，走马为谁雄。”九月霜降，碧天澄静，阵阵战鼓声伴随骏马飞奔，战士豪气冲天。看似萧瑟的秋季，其实也可以充满热血与气势，茶会因此而命名“霜降碧天净”。

沿着古诗词的诗意一路向前，“碧云天，黄叶地”，茶席创意随即而来，选取大地色印有金色银杏叶的铺垫来象征秋季的气候特点；“山远天高烟水寒，相思枫叶丹”，一套红色的瓷质茶器是渲染整体色调的关键，再配以红色枫叶作为茶席插花，写意自然、明艳动人；“冉冉秋光留不住，满阶红叶暮”，北方的霜降已经凉意渐起，茶品选取暖心暖胃的红茶最为适宜；茶会的背景音乐不一定都要传统乐曲，张学友的《秋意浓》曲调缓慢，音调低沉，歌词委婉，适宜诉说属于秋天的离愁别绪。

选喜好的主题进行创意

兴趣爱好是一切创意的源泉。“一部红楼梦，满纸茶叶香”，中国古典文学《红楼梦》是我非常喜爱的文学作品，年少时为林黛玉与贾宝玉的爱情故事感动——“都道是金玉良缘，俺只念木石前盟”——当我第一次接触到茶艺编创，就决心要以“木石前盟”为主题，进行茶席设计。

《红楼梦》中，贾宝玉本是大荒山无稽崖青埂峰的一块顽石，世间的朱门绣户、浮华金粉不过一时幻象，所谓的“通灵宝玉”与“金玉良缘”也不过是身不由己。其实喝茶也是如此，要回到天地之间，喝的是自己喜欢的香气、滋味和体感，适合的才是最好的。

整个茶席的设计以质朴天然为主基调，“木石本色”与茶道的禅意相契合。背景挂画为篆书作品《木石前盟》；选择麻质茶垫铺底，搭配原木冲泡台一块，象征原始仙境的万物本初；选择煮水铁壶一把，仿太湖石茶壶一把，煮水壶和泡茶壶都有着石器般的坚硬外表和粗粝本色，再加上一个仿石雕的水盂和茶叶罐，象征宝玉前世；以竹木雕制的茶荷、花器，用来象征“潇湘妃子”黛玉。

茶品选择了产于福建闽北武夷山的“武夷岩茶”。“武夷岩茶”生长在群峰相连、峡谷纵横、九曲溪萦的自然环境中，茶树在岩缝中生长，有着“岩骨花香”的独特韵味，是中国乌龙茶中之极品，与主题非常匹配。主泡身穿淡绿色旗袍，以《红楼梦》的曲目《枉凝眉》为背景音乐，缠绵之情娓娓道来。在茶会过程中，动态演示以宝玉和黛玉前世今生的相识相知却不能相守的爱情故事来配合说明；动作尽量抹去观赏性的痕迹，简单沉稳、专一用心、至情至性地冲泡这一茶品。

温具：“神瑛赠甘露”——将开水缓缓注入泡茶壶。

取茶：“仙草降凡尘”——将茶从茶叶罐中取出。

赏茶：“风流掩不住”——给客人展示武夷岩茶的干茶外形。

投茶：“相见亦如故”——将茶荷中的茶叶倒入茶壶。

注水：“任三千弱水”——将开水再次缓缓注入泡茶壶。

冲泡：“两情意绵绵”——等待茶、水交融。

点汤：“此生已还泪”——将茶水注入品茗杯。

敬茶：“有劳解相思”——向来宾敬茶。

茶事之美来自茶席的雅致，茶席之美来自茶人的用心。每个人都有自己的一方茶席，一片树叶不仅带来身心的健康，还能引发无限美妙的艺术构思，培养优雅的品格和独特的审美情趣，这是文化根基深厚的中国人的骄傲，也是茶人的骄傲。

花事素绚

插花，是女人与美的对话

花卉之美是全人类共同认可的美的标准，植物学家、艺术家、文学家携手挖掘花卉美的属性，贡献出“女人如花”的比喻。没有女人不喜欢花朵，正如人类天生就热爱真善美。

朱光潜先生说，“一切美的事物都有不令人俗的功效”。花朵本身和插花艺术都能带给我们不俗的感受和感动。回想起来，我学习插花也有近 8 年的时间了。从最初的好奇体验，到变成一种平日里的生活习惯和节日时的美好仪式，从描摹造型、掌握技巧，到追求气韵生动……随着人生阅历的增加，不再把花作为简单的观赏装饰，而是与欣赏美女一样，想要去追求藏在“美貌”之后的“气质”和“蕙心”，对插花的理解也层层深入。插花，是美学教育的便捷方式；插花，是女性生活美学的必修课。

欣赏花的自然之美，是美学的第一重层次

真正的插花艺术是一定要用鲜花的，再逼真的人造花，只有千篇一律的造型，而盛开在自然界的花朵，是阳光、空气、水分赋予的生命个体，有着独一无二的表情和姿态。插花要去寻找花朵最美的表情；插花的人，可以在大自然中发现天然美感的枝条，在一次次旋转花材、观察花朵、触摸花瓣的过程中，感受花的立体之美和细节之美，就像艺术家可以在一片蓝色的天空中，捕捉到各种各样的色彩，再表现在画布上一样。插花教会女人保持对自然界与四节更迭的敏锐和感性，回头面对生活的常态，自然可以发现时时都有小美好，处处充满小确幸。

创造花的艺术气质，是美学的第二重层次

发现美是插花的基本功，如何展示花的美、如何结合自己的理解，创造出更加独特的美感，这就是“艺术的表达”。很多人觉得，插花，无非是把鲜花从根茎处切段，按照高低错落的比例插进花泥或者剑山中，只是手头上的技术；殊不知，插花，是“舍”与“得”的关系，是“多”与“少”的对比，是“轻”与“重”的平衡，留白、韵律、空间、重复……这些都是艺术家和设计师进行创作的方式方法，把花器和背景看作笔和纸，把植物看作颜料和素材，以线条和色彩表达文化意象。插花，是空间艺术的行为，是艺术思维的开拓和艺术创造的训练；插花，是女性走入艺术大门的一条捷径。

感受花的生命价值，是美学的第三重层次

学习东方花道的人都懂得，相比西方插花重视花朵盛开的色彩美，东方花道更喜欢用花苞来表达作品中生命流转的过程，花苞代表明日的希望，但插花作品终究不可避免走向凋落和死

亡，因而被称为“瞬间艺术”。插花艺术没有完美也没有永恒，这种略显脆弱的遗憾却是它的魅力所在——无力延长花朵的生命，就努力创造最美的盛放——以提醒创作者和观众，去珍惜“当下的时光”。女性的天性是敏感而脆弱的，从心理层面，容易陷入对过去的追悔与对未来的焦虑，如何领悟“当下的幸福”？女性可以从插花中学习感悟丰富的生命价值，坦然面对时光的不可逆和未来的不确定，学会享受当下。

投射个人的主观情趣，是美学的第四重层次

朱光潜先生在他的《谈美》中，提到过美感经验的“移情作用”，即把自己的情感移到外物上去，是“人的情趣和物的姿态的往复回流”，既可以由我及物，也可以由物及我。简单理解，“移情”，便是人与人、人与物之间的心灵沟通，用来形容插花带来的美学意象，最为合适。插花创作者总会不自觉地在作品中暴露自己的性格、创作时的心灵活动和审美的倾向，也会主观地吸收花的姿态和特性，表达在作品中。就像中国文人插花所推崇的“四君子”“花十友”“花十客”，把花朵赋予生命品性，并借以明志，反作用于性格的塑造和情趣修养。

现代女性的性格多样，我们可以尝试借由作品表达自我，或者在作品中重新审视自我,发掘性格的多面性,接纳自己的优缺点,使审美境界不断提升， “人与花心各自香”。

美学态度，是生活美学的最高境界

俗话说“七情之病，香花可解”，花朵和插花艺术都具有纾解身心淤堵和郁结的功能。因此，插花于我们的最大价值，并非完成一个作品,而是插花的过程。在这个过程中,沉浸其中、投射自我、物我两忘，用视觉、触觉、嗅觉的多重美感来滋养身心，享受幸福。

其实,无论是插花还是其他任何兴趣爱好的修习及其成绩、证书，为追求作品“完美”而承受压力，都不能让我们真正体会到学习的乐趣。正因我经历过学习的误区，才想要告诉我的学生，美学的态度才是生活美学的最高境界，没有标准，没有完美，没有绝对的“进步”，只需用心感受我们在美引导下的成长，再把从中获取的感知美和幸福的能力，作用于生活的方方面面。

“生活中不缺少美，而是缺少发现美的眼睛”。朱光潜先生用植物学家、木材商、画家的三种视角去看古松，发现：真正“欣赏”的角度来自艺术家的审美心态，来自“无用”和“无功利”的部分。生活美学将人生视为艺术的过程，拥抱有审美情趣的生活，可以从插一枝花开始。

拈朵微笑的花

宅在家里的三月，春花已然绚烂满地。

南朝梁元帝说:“一月两番花信,阴阳寒暖,各随其时,……”花信与节气相对，是古人体悟四季更替的镜子。世事变幻无常，花期总会如期而至，古人诚不欺我。

花中有君子

小时候在语文课本里看到被唤作“先生”的女性,如宋庆龄、杨绛，油然而生一种崇敬。当时并不懂得“先生”是一种尊称，但也隐隐觉得：这种超越性别界限的“高级”称谓，代表着高于普通女性的格局、视野和成就。

花也如此。一般而言，花的性情和姿态都会拿来与女性作比。偏偏有些花木，被唤作“君子”。梅、山茶、水仙为“花国岁寒三友”，“梅、兰、竹、菊”为四君子。细细品味，这些花木性情高洁、气质清雅，确有君子之风。

于是，陶渊明采菊东篱下，独酌吟赏，“泛此忘忧物，远我遗世情”；周敦颐的“出淤泥而不染，濯清涟而不妖”，恐怕不仅称赞莲的高洁，连自身也一并写照明志；林逋若不是隐世孤山，“梅妻鹤子”，又怎写得出“疏影横斜水清浅，暗香浮动月黄昏”的千古名句？花非花，在中国传统文人眼中，是情调、是情趣，也是自我认可的生命情怀。

孔子说“素以为绚”，奠定了中国审美的格调，“花格”也如此，自先秦始，就崇尚幽静的形色之美。“朝饮木兰之坠露兮，夕餐秋菊之落英”，花以“清香色雅者”为品赏佳品。

五代的张翊又以官阶分封花卉的地位，将花区分“九品九命”，花的品鉴被古人冠以拟人的好恶，不仅需要眼睛，更需要用脑用心，品的是光彩、神气与性格，“以韵胜，以格高”。

追求生活情趣的宋人把花唤作“花十友”“花十客”，花儿成为交口称誉的贵宾和志同道合的伴侣。有趣的是，曾被唐人爱极了的牡丹，被抛弃在“十友”“十客”之外，可见，在通往古人精神世界的花语中，富贵功利从来不是值得追逐的目标，娇艳繁复也不过是悦人之态，按照人格美的标准，“花王”也是要输给“君子”的。

花中有诗意

现代人生活忙碌，不少人在内心向往诗和远方，殊不知，诗意的生活就在离你并不遥远的地方。苏东坡有赏心乐事十六件，件件简单不花钱，只需投身自然的怀抱，例如“清溪浅水行舟”“暑至临溪濯足”“柳荫堤畔闲行”“花坞樽前微笑”。

有段时间由于学业压力太大，造成内分泌紊乱，医生给开

了一剂药方：多去自然环境下散步。这一走，才发现钢筋水泥电脑电器的生活空间之外，松风清冽、鸟语蝉鸣、花开有声，细细留心，五感一下子变得敏锐多情了。

“掬水月在手，弄花香满衣”，从古至今，自然与植物之美总会带给我们美学的感动，让我们的心灵变得柔软和细腻。古典文学作品中的植物美学也不胜枚举。据统计，《全唐诗》收录作品中，吟诵植物达 130 种，《全宋词》有植物 321 种，历代词总集中，柳树出现次数居于第一位，梅、竹、荷、桃、菊紧随其后。

小时候背诵那些从没见过的植物诗句，总有些好奇，心想这些饱含复杂情绪的花花草草，到底长的什么样子，诗人们为何念念不忘、反复吟诵？多年前去杭州游玩时，曾见到一棵宋代古梅树，鳞皴满身、清瘦有韵，那有些寂寞又不屈的身形，仿佛让我看到同样寂寞的苏轼，轻叹着“何人把酒慰深幽，开自无聊落更愁”。这是我第一次为植物自然形态的魅力深深折服。

《西游记》里所有的妖怪都是面目狰狞或空有一副虚妄的色相皮囊，只有唐僧在荆棘岭遇到的一群树仙，风姿绰约、超然脱俗。捉了唐僧却不为吃肉，反而坐在一起吟诗作对，谈佛论道，让人印象深刻。柏精孤直公、桧精凌空子、竹精拂云叟、松精劲节十八公，与唐僧PK吟诗，千余年吸收天地万物之精华，四老的诗作灵气逼人、更胜一筹。后又来了个娇滴滴的杏仙，一句“雨润红姿娇且嫩，烟蒸翠色显还藏”，欲语还休、清新婉约，把“得道高僧”也对得毫无还手之力。不得不佩服吴承恩的想象力与观察力，同样是修炼成精的妖怪，只因草木遗世而忘忧的本性，造就了才情横溢的灵性。

后来学习插花，在一次次追求唯美的训练中，通过观察、触摸、塑造，感受花的形色与神气，回到自然中再看花草树木，感受已然不同。看柳枝在春风中的缱绻萦绕，读懂了折柳赠离别的不舍；梨花似雪纷纷飘落，不由联想起“寂寞空庭”的幽怨女子；桃花色态嫣然，妩媚不胜，像娇羞的少妇酒醉微醺；折枝芍药，分明感受到“将离”的愁思；养盆水仙，便似与洛神凌波相约。与花结缘，四季的更迭映照于心，扎根于自然，吸收灵气于自身，寄托出生活的诗意美好，也不觉岁月更深。

今天的花木种类丰富、城市美化繁花似锦，可是今人看花、品花却无古人的精神高度和诗意浪漫了。清代的汤西崖有诗，“读书惜已老，看花悔不早”，我却不以为然，早晚又如何，年年岁岁花相似，岁岁年年人心却不同。至于《梅品》中谈到的二十六宜，“淡云”“晓日”“细雨”“晚霞”“明窗”“松下”……何时看花都别有一番滋味，用心读得懂才算。

春花春色连成片的时节，不妨效仿古人心境，畅游花间，“拈朵微笑的花……看一段人世风光”。

插花，心手双畅

我从 2013 年年底开始接触插花、学习插花。最开始，是想要从传统文化中寻求更接地气更易于传播的部分进行研究，所以带有一定的科研目的；接下来在学习的过程中，我被插花艺术的魅力打动，得到前所未有的放松和愉悦，开始视插花为身心的滋养；再后来，一个偶然的机会，我成为花道老师，又开始对插花充满敬畏，

以高校教学的态度和工作习惯，认认真真地研究，总结、实践教学方法，可以说，不同的阶段和角色让我对插花有了不同视角的理解。下面，是我对几个插花阶段“心与手”的关系特征的总结。

第一个阶段：手不应心

“老师插的示范花为什么那么美、那么有意境？自己插的总觉得哪里好像不太对，可是问题在哪里？”这是初学者的普遍感受，特别正常，如果一开始拿花剪就跟老师水平一样，还需要学习吗？这个阶段的学习主要是技法，就像练书法需要字帖、下棋需要棋谱一样，初学阶段的基本功就是要稳而扎实。

首先，我曾比较过西式插花、中国传统插花和日式插花，很多人总结插花风格“西式重色彩、中式重意蕴、日式重形式”，这个评价显然比较表象。但是从某一角度解读，个人以为日本花道成熟的教学体系、严谨的花型图、标准的比例尺度……让人容易入门，能引导并训练我们的美感，提升我们对花道的理解。而日本花道初级阶段的用花量非常少，这其实是要培养我们对每一朵花个体的深度观察，我对这种教学模式非常赞同，以点及面，从少到多，不谈个体之美又何来整体的和谐之美？

其次，书店里有很多插花的书籍，如果学员有天赋又经过一定的审美训练，加上较强的学习能力和模仿能力，很多时候是可以做到“看起来很美”的。但是，那绝对不是真实的“插花”。插花重体验，日式插花更是看重一点一滴日复一日的积累，技法的纯熟其实是一种手感，很有些玄妙，但若没有一定数量的研习，没有经过老师一次次的指导、修正，就达不到“心手合一”的境界。

还有，在花道面前要有敬畏之心。我学插花的时候已经读完艺术学博士,又从小画画,拿起花剪之后满以为可以快速掌握,很多地方就很随性，不严谨，按自己的审美感受去插，不太在乎花型图和一些基本知识，这算是一个误区，结果影响了基本功的掌握。我想很多老师都遇到过类似的学员，这种学习态度特别危险。在花道面前，一定要把自己粗浅的认知和概念清空，以一张白纸的心态恭敬谨慎地开始学习。日本茶道讲究“一期一会”，花道又何尝不是惜时惜物的修行?

第二个阶段：得心应手

我有一个学生每一次上课都会提“十万个为什么”，“为什么是这样……为什么不是那样……不是说应该怎样怎样吗”，有一次她自觉问题有点多，有点不好意思地解释“老师，其实我就是想尽快找到方法和规律”。哈！这与我初学插花时的心态是多么相像，学习知识习惯于“分析、归纳、总结”的研究型思维。可是，一路走来的学习和教学经验告诉我，偏偏插花不是 1+1=2 那么简单，插花更像是绘画，老师只会告诉你基本的构图方法和光影、空间、比例的知识，其他都要靠自己用心去创造。插花是对习花者综合素养的考验。

一个作品仅仅是比例尺度全部标准还远远不够，好的作品一定是要追求艺术感染力和生命灵性的。我也遇到过非常有灵气的学员，作品非常大胆，有的时候虽然与常规的教学不符，但却表达出超前的创造力和表现力。对这类有灵气的学员，我一定会鼓励，先给予肯定，再从教学的严谨性上给予指导。我的经验是：掌握一定的技法和花型知识之后，不要急于寻求规律，要用心感受每一个作品的“美之所以为美”，要大胆尝试同一个花型的不同表现。

所以，“得心应手”不是简单并列式，“得心”是有心得、有心法，从心出发，用心去感受花型的美感，感受同一个花型因不同的花材而变换的表现力，甚至可以用同种花材尝试取舍之后的疏朗之美和更多保留自然状态的蓬勃之美……最终积累出自己对花道的理解，“应手”则自然而然。

第三个阶段：心急手痒

我曾仔细分析过优秀的插花作品，它们大体分为两类：一类是气势磅礴张扬的，犹如凡·高的作品，充满激情和动感，让人过目不忘，辨识度很强；另一类则是低调内敛的，就像莫奈的作品，静水流深，有一种安静的力量。这两种风格都很美，不过我更喜欢后者。

我的花道老师是典型的花如其人，人淡淡的，甚至有点冷，但相处长了，你会越来越欣赏她身上的从容，如幽兰般的淡雅，安静而超然。你在她的脸上永远看不到急迫。她的笑容也是浅浅的，语音柔和，插花时的专注也是淡淡的，却让身边的人觉得有无穷的魅力。我从老师身上学到了很多，有时处理不好作品难免心浮气躁，老师微微一笑，“不要急，慢慢来”。“慢慢来”这三个字就像佛家的偈语一样，升华了我对花道的理解，乃至对人生的理解。

学花到这个阶段，花材拿到手里基本上就可以创作出好的作品了，但也往往容易心急手痒，着急进阶、着急学习新花型，忽略了当下的作品，甚至忘了自己的初心。这一急，花道的修行就变了味道。我始终认为，花道是一种与人生相伴的修行，如果有条件，一周半天课最完美，把作品带回家去，一周都与美好相伴。否则，急急忙忙为达到阶段证明而赶课，除了累和麻木，还会失去与花相伴的感动，也无法感悟重新赋予花材第二生命的那种相互成全、相互依赖与相互感恩。

一年有四季，我们用花道来表达时间观念、空间观念和宇宙观念，我们有没有用心地感受到花道中的四季更替？人生也有四季，从肆意的青春萌芽到豆蔻初芳，再从完美绽放到最后孕育果实，每一个阶段都是岁月的馈赠，都值得用心好好体会与感恩；创作的阶段也必然随着人生阅历的不同而有不同的表现力，都值得我们认真总结。

所以，亲爱的，请慢慢来。

第四个阶段：心手双畅

插花绝不仅仅是为了完成一件美好的作品，也绝不仅仅是为了掌握一项技能，更是在生命中选择一种方式，将美学的修炼付诸有形，在生活中修行自己的内心。“心手双畅”“技近乎道”。中国传统艺术的标准，一样适用于花道。

既然是艺术创作，就像书法学习有句俗语叫“功夫在字外”，在技艺之外，文化根源、植物学的知识、对自然之美的观察、心性的修炼、其他艺术形式的熏染……更多的因素左右着对生命情怀的塑造和对生活之美的追求。

可以率性恣意享受插花乐趣的状态让人期待，可有的时候又有点惶恐，就像父母期待孩子的成长，有时恨不得他一夜间成人，有时又唯恐错过他成长路上的一点一滴，希望这个过程不要太快。即便成长必将面临困难、突破困难，但也是幸福的一部分，值得慢慢回味。

张谦德在《瓶花谱》的开篇就说道："幽栖逸事，瓶花特难解。解之者，亿不得一。"大师尚如此定论，我辈更不敢造次，求索路中小小心得，自勉自励。

花的表情

有一次接受电视台的采访，主持人问我在习花的过程中有什么心得。的确，与花相伴的日子，累积了许多感动，先是花的美在心底扎根，然后是作品的美让生活充满情趣，接下来是习花的经历逐渐照见自己的内心和对生活的态度，这种层层递进的感悟让我不由得想起电影《一代宗师》中的金句，“习武之人有三个阶段，见自己，见天地，见众生”。我想，在此倒是可以套用，学花之人也有三个阶段：“见花的表情”“见花的心情”“见花的性情”。

花的表情

第一节花道课，我最感兴趣的概念就是“花的表情”。花是向着阳光生长的，因此花头会有一个向着某个方向倾斜的姿态，那就是她最美的表情。拿一枝花在手中，旋转 360 度，寻找到她最美的那个角度，要么是朝气蓬勃地向上，要么是欣欣然奔向你，要么是侧颜曲线优美、完胜正面的呆板，要么是羞答答半遮半掩，藏在自己的叶片后。从此，在欣赏插花作品的

时候便有了参照，如果花材凌乱而无神，花的表情低下头去或者背过身去，露出暗沉的背光面和叶子背面，基本上可以判断作者是花道的初学者，没有用心体会花的精神气质。

世间没有两朵花是一模一样的，不同的花材，美的姿态也全然不同。因此，寻找花的表情没有规律可循，一定要耐心细心地观察，欣赏和尊重每一朵花的表情，充分展现她的个性：妖娆的，就让她“长袖善舞”；清新的，就让她“弱柳扶风”；热情的，就让她在舞台的聚光灯下跳一曲“弗拉门戈”；含蓄的，就让她撑着油纸伞走进戴望舒的“雨巷”。

之前觉得花儿的美丽是理所当然的，但学习花道，让我懂得把花的这种美变成“被我发现”“被我创造”的过程，这种新鲜的、由认知美丽到创造美丽的过程，最让人欲罢不能。

花的心情

插花艺术的形成，缘于古人不满足自然的风景，将之挪入花器，营造空间的生机与逸趣。于是，在我看来，好的作品只有一个评价标准，就是鲜活。

中国哲学强调生命的流动性，传统艺术评价体系中，也以“气韵生动”为首。花朵本身具有生命意义，当内在精神和外在表现达到统一，用有神、有意、有风度的作品，将花的生命热情全部绽放，真的能够让观者怦然心动或者是受到“美的震撼”。

大概是染上了“老师”这一职业的“通病”——过于严谨，在学习花道的一段时期内，太过侧重长度、比例、角度等所谓“型的法则”“美的标准”，经常会问老师枝条该怎样修剪、叶片如何保留这类“技术”性的问题，而忽视了作品整体的气韵，那些看起来似乎“正确”的作品，很多都缺少一些神韵。偶然读到一篇介绍日本花道理论的文章，其中有一段关于樱花插法的文字，“樱之插法以优美为主流，留其枝之优美，则于内部随意插之，取浓艳缭乱之风情，挂花瓶花莫不相宜”。由此茅塞顿开：凌乱的枝条恰是樱花鲜活的韵律，如果刻意修剪、过于按花型进行规范，就丧失了樱花肆意任性的气质；无论面对怎样的花材，呈现出她特有的表现力和生命力，才是作品的重点。

“草木有本心”，花也有七情六欲，也会多愁善感，插花除了要插出花朵鲜活灿然的心情、傲然挺立的姿态，也要有作者主观的解读创造：李后主在春盛之时以竹筒密插杂花标榜文人气质；李清照年年雪里插的梅花是“赢得满衣清泪”的惆怅失落；杨万里在路旁野店看到的“青瓷瓶插紫薇花”，料想定是“向风偏笑艳阳人”的野趣天真；就连陶渊明心爱的、一向隐逸的菊花，也被苏辙的“秋晚开花插酒壶”沾染了豪迈之气。

以“关注花的生命活力”欣赏插花作品。每个优秀的作品都有内在情绪，有些表达直接快意，有些表达文静含蓄，有些看上去不动声色或是寂静幽远，待你以一种探究的角度观察时，她内在的澎湃和内心的激情便会源源不断地涌出，回报你的心意相通。

以“关注花的生命活力”投入插花。我在每个作品里感受到创作时不同的心情。如果作品凌乱无序，便是事物繁杂难以静心；如果作品神色黯淡，便是把自己不佳的心情传递给了花材。于是，学会在每一个作品创造之前，深深呼吸，努力感受花材在此刻传递给我的讯息，“人花合一”。

以“关注花的生命活力”投入教学。我在学生的作品里看到了不同的表现力，如果作品被修剪得极为“简洁”，我会赞叹学生有“断舍离”的魄力和“挥刀斩乱麻”的洒脱；如果作品扫眼过去特别活泼有生趣，纵然一些规范还掌握得不够好，我也在会指导和修改的过程中极尽鼓励，尽量保留这份难得的鲜活。在我眼里，插花技术是可以靠练习提升的，心里对美的感受和表达则要靠情感的投入，这一点，美的“易感”人群更容易领悟，花的心情可照见作者的此时心境。

花的性情

近几年，宋代生活主题的影视剧作特别多，重现了《梦粱录》中“烧香点茶，挂画插花，四般闲事，不宜累家”的宋人雅致，尽显中国传统生活美学的魅力。电视剧《知否知否应是绿肥红瘦》中有句台词：“插花，是门极雅致高深的学问……花艺，讲究外师造化，内发心源，不但要美，更要有趣，若还能说出几番哲理来，那便是化境了。”深以为是。

花插得多了，心变得平静了，之前对枝杈和多余的叶子难以取舍，之前对名和利难以抵御，到如今，能够静观己心，我若要凸显这枝条的柔美，便会毫不犹豫舍去上面的叶子，这叶子再美丽再丰盈，对我皆“无用”。美学家朱光潜说，“你的心界愈空灵，你愈不觉得物界沉寂，……你的心界愈空灵，你也愈不觉得物界喧嚣”，心简单，花亦单纯。

花插得多了，心态也越宽容了。之前教学中习惯一眼盯住错处：这里不够聚拢，那里表情不好，这边分叉太多，那边怎么又光秃秃露出剑山……之前对人和事常常苛求完美，不会赞美也难以满足，事实上，找到一个作品的闪光点，去欣赏它的美才是我们学习花道的“初心”。日本花道惯插单数 3、5、7，便是表达花道的不完美、不圆满也没有永恒，吉田兼好在《徒然草》中说，万事万物，求全求满是如此庸俗，那小小的不完整增添了多少风趣，延续了多少乐事。我们接受了这一点，就不会带着挑剔的眼光去看待插花作品，人生亦如是，不如意十之八九，遗憾常常相伴，不圆满才有乐趣，不完美才更值得珍惜。

花插得多了，越来越接纳自己。之前会特别欣赏风格与自己差异明显的作品，这个作品那样大气磅礴不拘小节，那个作品清新淡雅野趣天然，偏偏我的性格既不洒脱也不够热情，插不出，便在羡慕中生出些“泄气”。不同个性的人有不同的人生，“灼灼其华”的桃花不必羡慕“倾城好颜色”的牡丹，“兰叶春葳蕤”也不必羡慕梅花“凌寒独自开”。花道的高级阶段，就是在随心所欲的自我表达中，照见自己的小任性、小迷糊、小纠结、小犹豫，这些在别人眼中的缺点，却是最真实的自我，那作品便也是独一无二、值得骄傲的，便是“我见青山多妩媚，料青山见我应如是。情与貌，略相似”。

插花至此境界，便是“物我两忘”，当自我跟作品融为一体，相互照应，插出的花就不仅仅是一件作品，更是对生命和生活的深情。日本花道强调欣赏花的生命流转的过程，习花之人便也在这生命的流转中，相候花信，历经四季，成长，成熟，得“道”。

插花，插的是“心”，插的是“情”。

如花在野

学习花道的某一天，老师传授我花道的五字“秘籍”——“心”“天”“流”“怀”“结”——作品的中心一定不能偏，以达到平衡美；还要追求向上的表情和力量；要有空气流动感；主花可以半遮半掩，藏在里面；根部要紧结、聚拢。我仔细琢磨，这不就是植物在自然界中的生长状态吗？

日本的“茶圣”千利休在“茶道七则”中将茶室插花归纳概括为四个字——“如花在野”，意思是，“花要插得如同在原野中绽放”。古人说，“插花者不易插其灵”，这个“灵”字，也同样是这种来源于自然之美的生命力。

日本三大花道流派之一的小原流花道，有一个代表性的花型就叫“写景自然”，讲求尊重植物的个性美和自然美。作品描摹生长在水岸边的植物，根部茂密，遮挡了土壤，中间一层则清爽通透，表现出野外环境下植物的疏朗感和空气的流动感。植物从山坡上延伸到池塘边，有美丽的枝条顺着下坡伸展到水面上，形成隐约的倒影。作品中只有一两点小小的草花，在色彩上进行跳动的点缀，飘在最上面的叶子则好似在风中摆动。

我还记得第一次看到这类作品时，它们带给我的那种震撼，插花原来可以不插“花”！枝条和叶子竟然有如此美妙的姿态！描写自然生长的形态竟可以美过刻意的构图和艺术处理！心中不由感受到中国山水画的意境——可行、可望、可游、可居。从记录自然、再现自然，到转向观照内心的过程，把户外景观浓缩入咫尺之间，让遨游于山石草木之间的梦想，于家居生活中得以实现。

后来，在阅读资料时，看到唐代的《春盘赋》写着：“多事佳人，假盘盂而作地，疏绮绣以为春。丛林具秀，百卉争新。一本一枝，叶陶甄之妙致；片花片蕊，得造化之穷神。”原来，“写景”这样有创意的插花理念在唐代就已经开始流行，将盆视为大地，以写实的手法来表现实景，表现花朵内在的神采，是从古至今延续而来的审美。古代文人还喜欢在游山玩水后，用写景插花来记录所看到的景色，分享给朋友们，正如陈洪绶所作《冰壶秋色图》上写的“相呼看红叶，林下醉秋花”“折得一枝归，与君称寿华”。

写景花是中华花道的传统花型，深受禅宗影响的日本花道把这种自然的审美观引导到极致的美学体验。笹冈隆甫在《花道：感知日本的理性之美》中有一段文字，大意是：花道始终强调“出生”的概念，即保持大自然原有的姿态和植物的个性，如高耸挺拔的枝条要强劲卓立，低矮柔弱的草花需纤弱弯垂，这都是它们的自然特性。传统和室壁龛上的竹篓里，细细长长的藤蔓牵引出一朵淡雅的牵牛花；茶席上模拟成粗糙石头的花器中，妖娆地伸展出一枝纤细的桔梗；紫砂的泥盆上，大片大片的枯荷和垂下头的莲蓬，讲述一场盛夏喧嚣过后的平静。还有那些花市买不到但自然界中常见的植物——松枝、梅花、狗尾草、芦苇、枫叶，各具美的表情，不输花市里盛开的繁花。即便是用最常见的花朵来插花，也不会选择全部盛放的花，而是推崇“含苞待放”的小花蕾，因为它代表天然野趣，代表植物昨天、今天和明天的生命流转的过程。

“自然之美”看似简单，却不是随性的插花，而是要经由“花型”的刻苦训练。很多人觉得按“型”去插花很刻板，但正如林

清玄在《学插花》一文中写的："插花和禅一样，表面上有最严苛的形式，事实是在挖掘最大的自由。""花型"，吸收了古人在长期插花实践中总结的美学法则，什么样的长度能更好地展现线条美感并与花器平衡，怎样的角度能让花朵更舒展或更含蓄。花型虽然不是通向自由的唯一途径，却是指导我们认知美感的捷径。在不断的练习中，当你在某天惊喜地发现，自己已可以轻松驾驭常见花材时，就能真正体会到插花的乐趣了。

想创作出具有蓬勃生命力的插花作品，还需要与自然建立亲密的关系。春季的植物抽出新绿的嫩芽，夏季的花朵绽放，千姿百态争奇斗艳，随后花朵凋谢结出果实，叶片被秋风染深颜色，再到冬天变成干枯的枝条，每个阶段都呈现出不同的美感。插花将这种自然的美感融入更主观的情绪——春天的花要充满朝气，夏天的花追求清凉平和，秋天的寂寥是另一种美，冬天的蛰伏反而更加华丽。日本花道有句俗语“花作始于足下”，迈出双脚，观察植物的晨昏变化，跟随季节更迭，在大自然中寻找具有野性和自然趣味的花材，用来自原野的素材和灵感，将花插得像“自然生长”在原野上。

花道既是走入美学的捷径，也是亲近大自然的最佳通道。借由植物，对风、水、雨的观察和记忆也都涌现和重新排列在脑海里。即便在户外的时间变得有限，也不限制我们以自然之美愉悦心灵，视觉带动感官，心境变得柔软细腻。插竹子时，仿佛听得到风吹竹叶的沙沙声；插大大的芭蕉叶时，仿佛看得到三更夜雨，点滴多情；插盘曲的梅花时，浮动的冷香让人心生敬重。

记得有一次，插花课程的主题是荷花，正好下起雨来。7月的雨带来阵阵清凉，敲打在荷叶上，兜兜转转。我带着学生，淋着雨在院落里剪下选好的叶片。为了保持荷叶长时间的葱绿与挺立，需要用注水器往茎部注射清水，随着水的注入，叶片上的脉络像血管一样充盈起来，仿佛每一个细胞都充满活力。

受到夏雨的启发，在插好的叶片上淋了一些水，果然，叶片好像涂上了防水涂层，把水聚集在一起，形成大大的水珠，盛装不下后，便轻轻一歪头，将水又倾注在其他叶片上，映射出卷舒开合的绿意盎然，让作品更添自然的生气。

插花是门优雅的艺术，审美追求与中国传统的艺术形式完全一致——气韵生动的天真趣味——不可谓不高级。可是，插花的自然之美却比任何书画或其他艺术形式都更直观也更容易理解。庄子说“天地有大美而不言”，大自然是最好的老师，生命的活泼便是插花作品最宝贵的艺术表现力。

插花中的文人格调

在中国传统插花的历史上，宋代的士大夫插花和明代的文人插花，将中国插花推升到崇尚精神的境界；在日本的花道流派中，有一个高级的花型叫作“文人调”，使用中国传统瓷器，向中国文人致敬。

在我心中，中国文人，的确是值得致敬的特殊存在。陈寅恪先生认为，文人有四大要素，“人品、学问、才情、思想，据此四者乃能完善”，他们是中国古代最有政治权力和文化影响力的阶层，具有极高的文学修养和美学趣味。文人的生活空间必须是躬身实践的雅致，文人的生活情趣包含抚琴、调香、赏花、烹茶、书画的丰富性。这样的群体，准确定义尚且不能，要想用花材当成画笔，去塑造和描摹文人的神采，插出文人骨子里的精神力量，一时竟无法把握。文人格调的表现没有固定的形式，有名无“型”，全要凭个人主观理解和感情的投射：

对比魏晋时期的竹林七贤，那么文人格调该是有几分狂放不羁的姿态吧；

想起东坡居士和他的朋友圈，文人格调该是有几分自负和孤独的气质吧；

还有明代中后期退隐江南的中国文人，闲情逸致的文人格调背后是不是也该有些怅然或悲悯的情绪呢？

明代文学家袁中道曾说“花为天地间一种慧黠之气所成”，形色之美只是外部表象，文人个性与胸中逸气才是表达的妙处。

文人格调的表达之一是随性自然

陶渊明、王维、苏东坡都是热爱生活、钟情于山水的文人雅士，“归去来兮，田园将芜胡不归”，自然，是文人失意时的良药，是精神的最大慰藉。插花艺术，是“幽栖逸事”中最重要的项目，花道中的灵气，就是源自自然的生命力。

来自自然的花材，有着独一无二的姿态，枝条和花朵不求完美和标准，但要有恰到好处的随性和自由。当花材以枝形取胜，要强调其直立的伸展或倾斜的婀娜；当花材以色彩取胜，要衬托出形色的独特。“令俯仰高下，疏密斜正，各具意态，得画家写生折枝之妙，方有天趣”。以本心本色呈现出的气韵生动，才是评价作品的最终标准——“虽为人造，宛若天开”。没有自然之“气”，就谈不到“韵”，更谈不到“格”。

文人格调的表达之二是沉静简淡

文人对器物的选择是极其讲究的，“四般闲事”的载体就是一件件精致和讲究的器形器具，文人的修养和见地为器物审美打下了坚实的根基。瓷器，如汝瓷的清雅釉色，温润质感，轻薄如雨后云霁的“天青色”，是对道家“天地有大美而不言”的极好诠释；质感纯朴的陶器，造型尚古的铜器，插出的花作端庄大气；还有天然的竹筒、竹编器，意境悠远，最宜装饰在文人的书斋案头。

文人格调的简淡，条理的有序，也象征着一种生命的孤绝和清高。不可太繁，也不可太瘦——“触目横斜千万朵，赏心只有两三枝”。观一枝花的生命流转，一定不重数量而重品质，只有本身就雅致的花、清丽的叶、奇僻的枝条，才拥有脱俗的表情和神采。过于艳丽的花朵和过于浮夸的造型，都有失稳重和明朗，庄子说“朴素而天下莫能与之争美”，淡雅、空灵、清幽，才是属于中国文人的高级审美。

文人格调的表达之三是傲然之气

中国古代文人既有儒家入世的进取精神，又有道家隐忍退守的守朴之心，“行到水穷处，坐看云起时”，即便身处窘迫的境地，依然保有心境的优渥，这是一种因知识和精神的丰厚而产生的优越感，这是一身永不会因世事无常而随波逐流的傲骨。

插花入瓶，“既不见摧于老雨甚风，又不受侮于钝汉粗婢”，所以，文人格调永远不会刻意迎合，忸怩作态。为了完美的造型而过于修剪，为了合适的角度而放弃姿态，太过计较难免匠人之气，太过端稳难免中庸无趣。文人格调的傲气，是借插花

表达胸中逸气，遣情寄性，不求法度，不求讨喜，反而要强调自由伸展的表情，是那种即便不完美也要追求不羁的神态，是感性的抒发大于理性的架构，随兴所至，狂放以待。

文人格调的表达之四是平和质朴

袁宏道在朝为官，但他在《瓶史》中却写下，“夫幽人韵士者，处于不争之地，而以一切让天下之人者也”。“不争”就是文人的一种谦逊平和。在文人调的插花作品中，是没有主客之别的，每一根枝条和每一片叶子都是作品的一部分，不以谁为主，也不会用谁作为陪衬，象征文人人格的独立和平等。“不争”也是文人的一种率性质朴，不趋利、不媚俗，再小的配花也要有自己的姿态和个性的表达。

受到宋代理学观念的影响，“友系的配材法”，充分体现出文人格调的谦逊美德。无论是“岁寒三友”，还是以兰为首的“花十友”、以梅花为首的“花十客”，都被文人视为志同道合的精神伴侣，无功利、无高下，更无争奇斗艳的比较。长短互补、粗细相宜，层层相称。花材之间只追求一种平衡之美，是力量的均衡，也是色彩、造型的适宜。

文人格调的表达之五在于性情理念

文人寄情草木花竹，趣味、幽情、神韵，皆是文学诗词之心。“自洗铜瓶浸杏花”“翠叶金花小胆瓶”“疏影横斜水清浅，暗香浮动月黄昏”，杏花、桂花、梅花，各有各的性情；文人寄情草木花竹，平安、长青、有节，皆以寓意入画点题。赵孟頫绘“岁寒三友”、陈洪绶绘《玩菊图》，还有清代大量的《岁朝清供图》，浓淡雅俗亦有品评。

陈继儒在《岩栖幽事》中写道：“瓶花置案头，亦各有相宜者：梅芬傲雪，偏绕吟魂；杏蕊娇春，最怜妆镜；梨花带雨，青闺断肠；荷气临风，红颜露齿；海棠桃李，争艳绮席；牡丹芍药，乍迎歌扇；芳桂一枝，足开笑语；幽兰一把，堪赠仳离。以此引类连情，境趣多合。”将插花作品人格化，投入物我两忘的感性审美，就为文人调表达的丰富提供了更多可能。中国传统插花自宋代“理念花”的发皇，就很具有代表性，讲求天理人心的宇宙观，兼采儒道教义，内容重于形式，以花明志，或是阐述观点，或是隐含意愿，创作出既重艺术形式更重文学意象的作品。

中国传统文化博大精深，文人的复杂性是其中最具代表性的一个概念。插花的高级在于精神性的强调，正如文人努力修养品格、积累学问，追求和谐平衡的灵魂。插花作品的文人格调如此受到推崇，皆因我们在塑造作品的同时，也在观照自己的内心，同样也以文人的标准来审视自己的风骨、神气与光彩，向文人靠拢。境界之高，无可言喻。

插花，把握美的平衡

多年来，我在插花艺术教与学的过程中，总会遇到一些问题，比如：什么颜色搭配什么颜色才好？什么高度和比例才是合适？为什么有的枝条要修剪干净有的枝条需要茂密？很多认真的学生想用套公式的办法向我寻求美的共性和规律，但每个人直观感性的观察和自我审美的角度不同，很难归纳出统一的答案。

如果把插花视为一种美感的创作过程，那么，“美就是唯一标准”——插花，是寻求美的平衡。平衡不是等量对称；相反，恰恰为了避免对称，才需要去找寻各种平衡的关系。

数量的平衡

数量的平衡其实是“多”和“少”之间的关系。袁宏道在《瓶史》中写道：“插花不可太繁，亦不可太瘦。多不过二种三种。高低疏密，如画苑布置方妙。”中国人有明显的内向性，东方插花重视意境美，尊重花的个体精神，所以倾向于“清水出芙蓉”的雅致，重质不重量。其实，清雅疏朗是一种美，热烈繁茂也是一种美，多和少不能一概而论，平衡和适宜才是最重要的。

东方插花喜用单数，一方面是受中国五行阴阳学说的影响，双数为阴，而植物向阳，所以取 3、5、7 的单数；另一方面是出于对数量平衡的考虑。双数易对称，而对称却最容易刻意和刻板，为东方插花艺术不喜，从这个角度，单数更易展现长短、高低的错落，拉开不等边三角形的框架，可以更主观地创造数量的“平衡之美”。

体量的平衡

体量是指插花作品中各种花材之间的比例、体积和色彩对视觉造成的重量感。体量的平衡其实是“轻”与“重”之间的关系。

首先花材之间的比例需要平衡，3 ：1、7 ：5，是东方花道常见的主材与辅材的比例法则，辅助或衬托关系分明。其次，花材的体积感需要平衡，粗壮与纤细，粗糙与光滑，枯老与幼嫩，有对比的呈现会让作品丰富，但平衡的把握相对也会增加难度。例如一枝来自自然的枝条，靠近主干的部分较粗壮，枝丫的部分就比较纤细；有很多的分叉和叶子的枝条，体量感较重，如果去除多余的枝叶，体量感就会变轻。再次，主材和辅材的体积感也要平衡。花头大的花卉，比如百合、蝴蝶兰、荷花等，一定需要体量感重的枝条才能匹配；小头或多头的花卉若想增加体量，就需要增加一定的数量。如此，整体的平衡协调才能兼具沉稳与生动。

色彩的平衡

东方插花除了特定的主题性，用花的数量和色彩都趋向于简单，沈复在《浮生六记》中说道：“插花，朵数宜单，不宜双，每瓶取一种，不取二色。”“不取二色”不是抗拒繁茂艳丽，

而是要避免太多的色彩叠加，否则不易把握平衡的关系。中国传统色彩拥有各种诗意的名称，但色彩搭配的科学规律，还是要感谢 17 世纪西方物理学家发现的色环。色彩学将色彩提炼出色相、饱和度和明度三大基本特性。而花朵间的配色，一样依靠色彩的科学原理，邻近色、对比色、互补色，不同的搭配能带来不同的心理感受。

邻近色是色环相邻的色彩，彼此近似，冷暖性质一致，色调统一和谐、色彩之间相互照应，在插花艺术中运用较多，常见的粉色系和蓝紫色系，都会给人以柔美丰富的感觉；互补色是色相环中成 180° 角相对立的两种颜色，两种色彩互为补色的时候，作品具有强烈的视觉冲击力，例如黄色和紫色，橙色和蓝色，但等量的平衡感不易把握，使一种颜色为主一种颜色为辅，就可以增强整体色彩的对比。一般而言，东方插花追求内敛含蓄的美感，对冲突大的互补色运用较为慎重，运用互补色时会把颜色互补的体积、数量控制在合理的区间内。相比较，比互补色更柔和一些的对比色更符合东方插花的气质，例如红色与橙色、黄色搭配，既能增添作品的活力和明朗，又不至于对比太过鲜明。

空间分布的平衡

大部分时候我们的视觉更习惯二维平面，插花容易忽视空间关系。如果你仔细观察,会发现植物并不是朝一个方向生长的,也不会整齐地排列成面，这样就可以理解，为什么一些充当框架和骨骼的花卉需要前倾 45° 、60° ，这是为了创造空间分布的均衡，有深度延伸的空间表现。插花作品的开阔空间，就像中国传统书画的长卷，就像慢镜头的拉近，慢慢展开，是时间的涌动，是生命的绽放。

插花不仅要照顾到各个空间的平均分布，作为艺术创作，还要有高于自然的主观创造和倾向，比如空间的留白。留白会突出视觉的重点，并产生意境的延伸，留白是虚，密集是实，虚实之间涌现出流动的节奏，虚实并不是绝对相反，而是两者的互动互补，如果不注意均衡的关系，就会出现重心的不稳定。

花器与作品的平衡

张潮在《幽梦影》里讲过插花与花器之间的比例和色彩关

系——“养花胆瓶，其式之高低大小须与花相称，而色之浅深浓淡又须与花相反。”——比例需相称，色彩需对比。《瓶花谱》也有记载：“大率插花须要与瓶称，令花稍高于瓶。假如瓶高一尺，花出瓶口一尺三四寸；瓶高六七寸，花出瓶口八九寸乃佳。忌太高，太高瓶易仆；忌太低，太低雅趣失。”

花要比花瓶高，但也不可高出太多，否则看起来重心不稳，容易倾倒；反之，如果太短，蜷缩在瓶内，则没有舒展的气势。在东方插花的比例关系中，枝条的长度一般是瓶子的 1.5 倍到 2 倍之间，如果是插在水盘、水碗之中用剑山或花泥固定，那么长度的计算也约等于直径加上高度的 1.5 倍。这个比例不能绝对，需靠尺子去测量，还要考虑到各种花材的分量感，粗壮的可以稍短，纤细的可以稍长，在小容器中的插花宜少，“赏心只有两三枝”，大容器则需要增加用花量，花的体量感要大，否则缺少气势，显得花枝过于柔弱。

创作风格的平衡

有句成语叫“收放自如”，可以用来形容一个人处理问题

或对待事物的成竹在胸，从容洒脱。在插花的艺术创作中，“收”与“放”也是经常要进行对比的两种表达。有些植物本身就热烈，那么在搭配和修剪的过程中，就要避免过于凌乱趋于张扬；除此之外，造型上的收放需要我们主观的创意，一个作品里想要突出一个优美的线条，就要尽可能去舒展，给予足够的空间和让它的表情展现充分，其他的枝条再美，也要收敛个性，以突出主体。这就是收和放的关系。

袁宏道在《瓶史》中说：“夫花之所谓整齐者，正以参差不论，意态天然，如子瞻之文随意断续，青莲之诗不拘对偶，此真整齐也。”插花作品中长短错落的枝蔓要具有天然野性的情趣，不必被花型花式束缚，就像苏轼的文章和李白的诗，无须拘泥于工整对仗，意趣天然，浑然天成，自然能够达到美的平衡。

以上六种美的平衡关系不是割裂的，而是相互影响，互为补充。希望能给学习插花的朋友以些许帮助。

雅集雅记

下午茶的女主人

早些年，中国人的家居布局，有个特别重要的空间，叫作“客厅”，是家人围坐接待客人的地方。后来随着生活水平的提高和对隐私的重视，访友、会客，甚至亲戚聚会都常常约在外面，“客厅”因而改称“起居室”。都说现代社会人情淡薄，我常常怀念小时候家中招待客人时的一点点紧张，小小孩变身“主人”，参与到父母的社交活动中，让平日一成不变的生活，转换了愉悦的节奏。

近些年，大概是受到国外影视作品的影响，关系密切的朋友又开始推崇在家中聚会了，无论什么内容和主题，女主人都是活动的绝对主导。其实在古代中国，家中的大娘子、主母除了负责日常事务，还要负责与亲友社交，料理贵客盈门的各种宴请雅集。她们绞尽脑汁设计合适的主题和形式，努力让宾客度过舒适难忘的时光，获得客人和家人的赞许，获得幸福感和成就感。英国的下午茶文化也是由女人创造的，安娜伯爵夫人为了填补晚餐之前的腹中空虚，邀友人一起用中国红茶和点心享受惬意的下午时光，“当时钟敲响四下，世上的一切瞬间为茶而停止”，英式下午茶就这样形成独特的礼仪，成为英伦文化的代表。

女朋友的下午茶，是现代女性生活必不可少的内容，有精美饮品、手制甜品、手工活动，也有闺蜜间的私房话。如何以较高的审美情趣和专业细致的心态，完成令人难忘的下午茶仪式，是考验女主人的功课。

布置优雅环境

下午茶时光是一场“素年锦时”，优雅的环境要有影视作品的“滤镜感”。在安娜公爵夫人举办下午茶的“蓝色会客厅”里，可以看到装饰着金色花纹的淡蓝色墙壁、点缀着金色马赛克的天花板。在熠熠生辉的水晶吊灯下，摆放着圆形小茶桌和与墙壁同色的座椅、沙发。茶桌上是蕾丝的桌布和餐巾，衬托出来自中国的瓷质茶器的高贵与典雅。

今天的下午茶虽无须彰显贵族生活的奢华，但同样反映女主人的审美情趣和用心程度——茶壶、茶杯、茶勺，要有统一的色彩，并符合空间环境的气质；桌布、餐巾和杯垫，也要尽

艳秋供图

可能体现艺术感和品质，至少要有印花的餐巾纸铺垫，营造出浪漫氛围；水果讲究切得好看，数量少、种类多、颜色丰富，摆盘才会漂亮；甜品适合三层蛋糕盘摆放，节省空间，也更显精致，如果是普通餐盘，就尽量选择纯黑或纯白，衬托美食的色彩；如果有银器或漆器等特殊材质的器皿，则可以大大提升品位。

桌面插花是一定要有的，背景音乐也要与主题相称。另外，还可以根据背景环境的布置提出着装要求。公主裙、礼服、黑丝、睡衣，美美地喝茶，总要与日常生活拉开点距离，女人们相互创造机会展示漂亮的服饰，合影留下茶语时光的记忆。

为闺蜜准备茶饮美食

下午茶以茶命名，以茶为载体，茶是必备的饮品。中式工夫茶需要用心品味，气氛有点严肃，唯有香气迷人的乌龙茶尚可；调饮红茶香浓绵长的口感，就比较适宜女性下午茶的格调；而水果茶、花草茶搭配晶莹剔透的玻璃茶壶，五彩斑斓的色彩、独特的芳香、水中柔软飘逸的身姿，瞬间制造出视觉、嗅觉、味觉和心灵的冲击。更何况，花草茶还有独特的保健功效，玫瑰和洛神花可以美容养颜，菊花和金银花能够祛火清肺，洋甘菊可以明目，迷迭香可以养肝，薰衣草有助于安神睡眠……哪个女人能不爱呢?

“人生得意须尽欢”，没有酒的聚会总是缺点什么。酒也是生活的美学，屈原在《九歌》中写道：“蕙肴蒸兮兰藉，奠桂酒兮椒浆。”有形有色有味，为酒加了个“美”字前缀，美酒向来是美满人生的注脚，是“悦己”的生活情趣。很多女性对外推脱不能喝酒，但在闺蜜面前，可以放下戒备，痛快畅饮。啤酒是朋友聚会点燃氛围的利器，可以让矜持的淑女放下形象包袱，特别适合许久未见的老友互诉衷肠；红酒最适合女人们的“气质”，轻轻晃动高脚杯，入口品味，复杂的口感有点像女人之间微妙的小较量；鸡尾酒有造型，有口感，有时尚的style；一些甜酒、水果酒，也深受“小女生”喜爱。不管喝出优雅还是喝出豪迈，能一起喝酒，女朋友间总是更能拉近关系的亲密度。

烹饪美食当然可以展现女主人的厨艺，只是在家制作美食的过程太耗时间精力，群体参与感不强，很难促成沟通的环境，不如提前准备甜品，方便可心，更何况所有女人都很难抗拒甜品的诱惑。各大酒店和奢侈品牌的下午茶甜品，大都创意十足，美轮美奂。不过，我觉得简单的自制点心，比奢华品牌的甜点更具人情味，因为制作的每一个过程，都包裹着真挚的情感，所以，下午茶的女主人至少学一样拿得出手的烘焙作品吧，端出“爱心”牌甜品，才是下午茶的高潮时刻哦。

重要的关键点，设计谈话主题

“开轩面场圃，把酒话桑麻”，好的环境让人放松，容易引出相对愉悦的话题。女人们的聚会绝对不会冷场：一是因为女性共同关心的话题很多，天南地北，气氛到了，定然滔滔不绝；二是因为女性天生乐于分享的品格和共情心理，容易站在对方角度，体贴用心。有些话题唯有女性之间才可以放心分享，“女人的女朋友”，是女人一生最重要的财富。在朋友面前，再文艺、再骄傲的女人，也会变得普通不过，需要倾诉，需要倾听，需要被理解。

女性间的交流，往往感性大于理性，视客人的熟悉和亲密程度，女主人的分寸感至关重要——什么时候可以引导情绪抒发，什么时候要巧妙提醒隐私的保护，什么时候要用幽默化解尴尬，什么时候又要沉默倾听，是对情商与智商的双重考验。当然，我们期待自己成为拥有“有趣灵魂”的女主人，可以分享独到的观点和精彩的故事，那就平时多多看书、学习，不断修炼个人魅力吧。

下午茶可以同时进行手工活动

插花、布艺、手工，这些女人们喜爱的活动，其实是一种心灵充电的方式，沉浸其中，把大脑放空，从外界获取美的能量，来保证内心的充盈，感受当下的幸福和安定。既不影响交流，又能完成一件“艺术作品”，是下午茶的“格调”担当。

送出随手礼

告别的时候为女朋友准备一份包装精美的随手礼，下午茶的句号才堪称完美。礼物不用贵重，胜在贴心，我通常会选择下午茶主打茶品或主打甜品的小包装，这样在回家之后，女朋友们也能继续回味美好时光的香甜，或是分享给家人，将这份幸福感翻倍。卡片是一定要手写的，如果有拍立得或者打印好的合影照片，再附上一张。手写的温度、纸质的相片，都是电子时代的稀缺品，正好匹配共度下午茶时光的珍贵友情。

“岁月静好”是所有女人的向往，只是不要误读为“岁月只有静好”，在无可避免的柴米油盐中，留一份闺蜜下午茶的闲适，就足能够积蓄力量迎接“新的明天”了。女人的下午茶会让女人在相互观照中分享幸福、检验自我、增加智慧，是生活美学值得强调的注脚，是收获和维护女性友谊的必修课。

雅集，是一种时尚生活

很多人觉得雅集是一种高不可攀的“圈层”聚会——东晋有“兰亭雅集”，群贤毕至，“一觞一咏，亦足以畅叙幽情”，王羲之挥毫写下文辞与书法俱绝的《兰亭集序》，是魏晋风度的绝佳诠释；唐代有“滕王阁雅集”，王勃在这里写下“落霞与孤鹜齐飞，秋水共长天一色”的句子，震惊四座；北宋末年有“西园雅集”，李公麟把苏轼、苏辙、黄庭坚、米芾等人画在一起，更直观地记录了宾主写诗、作画、论经的宴游之乐。虽然这些闻名千古的雅集，代表着一种士人阶层的高端社交，但其实，雅集也不过是中国古代文人的生活常态，觉得高冷，只因我们并不了解。

在我看来，雅集，只是一种“时尚”的生活方式，既不是附庸风雅，也不是一味复古。从古至今，人总是喜欢和与自己相似者聚集在一起，以喜欢的方式进行社交，有的人喜欢体验高端奢华，有的人喜欢追求冒险刺激，有的人聚在一起是为了扩展人脉资源。当下的雅集，在我看来，就是一群追求品质社交与生活格调的人，一起“偷得浮生半日闲”，以求美求雅的心态，与先贤的精神世界沟通，向美好生活致敬。只不过，这种雅集，既不是觥筹交错的高光 Party，也不是聊天形式的甜点下午茶，而是能赋予灵魂力量的、具有文化和艺术性的，并且一定要围绕“雅”字——雅集，是极致生活的缩影——雅人、雅事、雅兴，缺一不可。

兰晓供图

自从创办康成女院，在这里结识的女朋友都是我喜欢的人，无论是老师还是会员，都让我越来越认可“优雅”这个词。她们的社会角色和家庭角色不同，但在各个领域都有所建树，巾帼不让须眉；她们每个人的眼角眉梢都洋溢着幸福，愿意分享也懂得付出；她们的内心充实、面容平静，不会去计较昨天的得失、焦虑将来的老去，始终在寻找一种途径，只为更好地体会“活在当下”的幸福，时刻观照自己的灵魂。我愿意与她们融为一体，尽自己最大的可能，为她们创造属于淑媛之间的雅集。

雅集的水准，取决于组织者和策划者的功力，毕竟是小范围陶冶情操的聚会，个人的审美趣味和文化积淀直接决定了雅集的品质。雅事，不是聚众欣赏表演，不是简单的慕古，而是在古典的形式中追慕自由洒脱的文人品格。

我策划的雅集大多是女性主题，统称为“淑媛雅集”，其中有两场我印象深刻，一场是“美人三季”，一场是“心与艺游”。“美人三季”展现女性人生不同时间段的风景，由会员分组进行茶道、花道、香道、书画和器乐的表演展示。“美人三季·清水芙蓉青春季”是女人最纯真美好的青春时期，展现自信阳光、热爱生活的气息；“美人三季·气若幽兰成长季”，

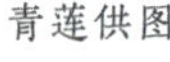
青莲供图

有目的地吸收养分，在阳光下绽放，由青涩走向轻熟的女人更加娴静美丽；“美人三季·端庄典雅成熟季”是洗尽铅华的纯粹，是领悟生活的通透，举手投足散发岁月静好的高贵。每一组小姐姐的表演都与这个年龄段的气质特点相匹配，女性魅力不局限于年龄，各有各的特色，各有各的美。

“心与艺游”的策划灵感源自《论语》。孔子在论“艺”时认为，“艺……既不是道，也不是理，因而既不必‘据’，也不需‘依’，更不能‘志’，只能‘游’。”艺游于茶——精选当季适宜的茶品，配上精美的茶器，在行云流水的冲泡品鉴中，感受茶艺的和、敬、廉、美；艺游于花——创作者借花道的四季更迭，抒发心境；艺游于乐——古筝、二胡、昆曲，民乐与古老的戏曲交相呼应，展现中华艺术的博大精深；至于互动游戏，也选取了以“游”字为主题的飞花令，选取了源于“射”礼的“投壶”游戏。

“雅集”是轻松快乐的，“雅兴”是参与者的热情和状态，归根结底，由“雅人”决定——不适合以各种目的社交的“达人”，不欢迎比拼大牌的贵妇，谢绝颐指气使的“高端人士”，也邀请不来“太忙、没时间、静不下心”的工作狂——因为只有文化、精神上的高度认同，才能令参与者也是欣赏者，才能令中国人的文化智慧与生活美学、梦想与现实、理智与情感，在雅集上和谐交融。

清代张潮在《幽梦影》中说：“人莫乐于闲，非无所事事之谓也。闲则能读书，闲则能游名胜，闲则能交益友，闲则能饮酒，闲则能著书。天下之乐，孰大于是？”“不兴其艺，不能乐学”，我们生活的时代日渐喧嚣浮躁，同时，也是一个生活艺术化的时代，人们对古时雅致的“慢生活”愈加向往，中国传统思想中的艺术生活、审美格调都在呼唤个人情趣与生活美学的链接，于是，雅集又翩然而至。日常生活的精致与审美的极致，体现在雅集的梦幻时刻——在雅集，茶香幽幽排遣烦闷；在雅集，沉香袅袅修炼心性；在雅集，插花是与生命之美的对话；在雅集，书画感受传统艺术的气韵；在雅集，琴音奏一阕现世安稳、岁月静好……

生为女人，“优雅”是我们终生奋斗的目标，但有太多在意的人和事物容易让天生敏感的我们陷入不安和自扰的情绪，我们需要与“雅”相伴。“雅”是一种身份，“雅”是一种力量，“雅集”就是这样一种有温度、有底气、有才情的时尚生活。

淑媛雅集，美人三季

有一次闺蜜聚会，一个朋友真诚地说了一段话，让我颇为感动。她说，在我们彼此身上，可以看到自己的昨天、今天和明天的样子，这让她面对年龄的时候特别坦然，因为有了参照的标准，知道自己该如何优雅老去。

都说女人本来就不该是一种模样，都说年龄不是可怕的敌人，但是面对每年生日蛋糕上增长的数字，又有几人能真正做到坦然呢？其实，每个年龄段的女性，都有着自己独特的性格和魅力，不同年龄的美都是值得追求和记忆的，我们眼里的不完美，也许是其他人羡慕的模样。于是，我们需要一盏茶，需要一处可以安放心灵的地方，需要找到一群不同年龄段的优雅女性，让我们彼此欣赏，让我们相信岁月的力量，从而心有所依，无所畏惧。

此种心境之下，一场精心策划，糅合茶道、花道、香道表演的淑媛雅集应运而生，名字取作“美人三季”。参加雅集的淑媛，分为三个组，分别进行茶艺冲泡、插花与香道的展示，三组不同“季节”的女性，并非单纯按年龄区分，更多是依从外在气质和内在心境的选择。

第一季：清水芙蓉青春季

“清水出芙蓉，天然去雕饰”，女人都曾拥有最纯真美好的年纪，无拘无束，热情奔放，浑身上下显露出青春的活力和风采。天真的笑脸，无邪的心灵，不必刻意打扮，也不需要太多装饰，自信阳光、简单大方就是真谛。

如果用茶来比喻，这个年纪的美人犹如春天的绿茶，淡淡的香、浅浅的甜，叶的初绽与活力，明艳动人。表演茶艺的淑媛用玻璃器皿冲泡绿茶，85~90℃的水温，温柔唤醒沉睡的芽叶，看茶叶在杯中旋转舒展的样子，亦如翩翩起舞的青春少女，姿

态优美，肆意美丽着。

如果用花来比喻，这个年纪的美人就像娇羞又清雅的花朵，表演插花的淑媛选用葱绿色的天鹅绒，搭配娇弱的洋桔梗，清爽干净的直立式构图，表现出积极伸展、阳光向上的姿态，简洁又富有生命力。

用什么香气来描述这个年纪的美人呢？温润清雅、婉约俏皮的灵犀香粉，搭配紫檀、兜篓香、丁香、四季花粉等，和合调配，待淑媛素手弄香，用古法香篆唤醒香粉。打香篆需要行香者静心和气，观照自我。将香灰细细理平，置入如意型香篆，填入香粉取型，再取出香篆，点燃香粉，香气缓缓上扬，清心悦神，淡雅清澈。

这一组表演的演奏配乐为大家耳熟能详的古筝曲《茉莉花》。《茉莉花》是中国文化的代表元素之一，以优美的旋律表达了少女对生活和美的热爱，爱花、惜花、怜花，想采花又不敢采的羞涩心情，恰如这个年龄娇羞的性情。

第二季：气若幽兰成长季

“含辞未吐，气若幽兰”，成长，让女人更加美丽。一个人在青春时，是用加法生活的，不断地从这个世界汲取所需的养分，比如知识、经验、情感等。而当人生慢慢惬意地生长一段时间后，便迎来了生命中最美好最繁盛的时光：不必张扬，不必肆意，她们笑意盈盈，阳光下绽放着由青涩走向成熟的最美年华，这段年华最珍贵的陪伴就是自我的成长。真正懂得投资自己的女性，会在这个阶段用读书、用爱好，养成自己的娴静气质，然后让它们呈现于容貌中、谈吐上，成为让人念念不忘、品味良久的奇女子。

“从来佳人似佳茗”，一杯褪去青涩、蜜香醇正的半发酵乌龙茶，兼具绿茶清香的气味和红茶甘甜的口感，不正如成长中女子的轻熟模样吗？乌龙茶的冲泡宜用紫砂，茶席上，茶壶与闻香杯、品茗杯一一对应而置。出汤时，弃用公道杯，以“关公巡城”和“韩信点兵”的手法，将茶汤均匀注入闻香杯中，避免香味的涣散，取杯品茗时，先嗅闻香杯中的茶汤之香，然后将茶汤置于品茗杯内，闻杯底的余香，闻香之后再观色品茗。如同一位走向成熟阶段的美人，其美丽是多角度、全方位的，值得有心人用心细细品味。

做插花表演的美人选取了“盛花”花型，日本小原流花道首创的“盛花”，取“鲜花盛放在容器”之意，雪柳与郁金香的搭配，将奔放与含蓄之美结合得恰到好处，这个年纪的美人，的确撑得起“盛放”二字。

香道表演的美人采用隔火熏香的形式将香丸的香气催发得更加深幽含蓄。空熏之香，以香明德，埋炭于灰，有火无烟，将盛了香丸的银碟置于火窗，不经意间，满室染香。这一款古法和合而成的香丸名为“梅林”，以绿萼梅、檀香、乳香、丁香、牡丹皮等香料经和合、窖窨等工序制成，梅的清幽气质最适宜描述这个年纪的美人，香中藏蕴，静中有动，暗香浮动，沁人心脾。

本季雅集的乐曲演奏，是古筝曲《出水莲》，音调古朴，风格淡雅高洁，全曲以各种丰富的表现手法将莲花这种花中君子“出淤泥而不染，濯清涟而不妖”的高洁品质，表现得淋漓尽致，也象征这个阶段的美人，追求品格更胜于追求容貌。

第三季：端庄典雅成熟季

端庄典雅、洗尽铅华的美人，开始学着用减法生活了，不争不闹，心有所依，看淡繁华起落，自成一种岁月静好的典范，带着每个年轻女子向往的高贵气度。

这个年龄的美人似汤色红亮、回味悠长的红茶。红茶中藏着百韵千香，如蜜如枣如兰，入口绵密温润。冲泡红茶选取的是仿定窑白瓷的盖碗，温润内敛的白瓷茶器简单纯粹，最大程度映衬出红茶茶汤的金红明亮，这个阶段的女人亦如红茶般内敛，经历时间的淬炼、沉淀，变得口感深邃，内涵丰富。

插花的美人采用中国传统瓶花的花型，象征这个年纪的典雅与端庄。石化柳枝条伸展，优美而质朴；百合淡雅明秀的色彩，含蓄而简洁；龟背叶衬托瓶口，层叠出空间丰富的造型。正如这一季的美人，灵慧双修，焕发成熟大气之美。

进行香道展示的美人根据中华香道的“君臣配伍”原则，调配了一款“千和”香粉。炮制之法是：用普洱老茶，煮去老山檀香的燥气，使之深沉；磨粉后，浸之以梨汁炼蜜，辅以龙脑。这款香，香韵柔和雍容，寓意诸事和顺随心，端庄而深情。

此时，古琴声响起：“长相思，在长安……美人如花隔云端，上有青冥之长天，下有绿水之波澜。天长地远魂飞苦，梦魂不到关山难。长相思，摧心肝。”一曲《长相思》，虽篇幅不长，却委婉动人。典雅美人，历经世事，最是懂得真情可贵，正如这琴音高远缥缈，引人诉衷肠，道深沉。

结语

一场雅集，三季美人轮换，茶、花、香、乐，所有的美好只是符号，用以描述美人的浓妆淡抹，与不同面貌皆相称、相宜。沉香袅袅可以排遣烦闷，茶香幽幽可以修炼心性，琴音悠悠可以奏思绪万千，花香阵阵可以伴四季更迭。只要心有所依，用爱、用美，就能修炼自己的一份岁月静好，无论何时何地，永远可以温静沉着站立于时光中，永远可以看到自己最美好的样子，岁月带不走，时光偷不去。

花间雅集

花卉，从古至今一向是雅集的座上宾。有的雅集以赏花为主题，花苑赏牡丹、泛舟观荷、空山探梅；有的雅集以花为视觉元素，插花、簪花以助雅兴；有的雅集以花为食、为饮；有的雅集以花为吟诵、书画对象。花的美一旦沾染了雅人的雅趣，就不再只有颜色好，更平添了气质风韵，可为友、为客。

赏花：又是一年花开时

中国自古就有在美好的日子里玩赏花卉植物的传统。南北朝时期，梁元帝曾于花朝节作诗：“昆明夜月光如练，上林朝花色如霰。朝花夜月动春心，谁忍相思今不见。”古典文化百科全书《红楼梦》里，描写了大观园芒种节祭拜花神的仪式，“那些女孩子们，或用花瓣柳枝编成轿马的，或用绫锦纱罗叠成干旄旌幢的，都用彩线系了。每一棵树上，每一枝花上，都系了这些物事。满园里绣带飘飘，花枝招展。”书中记录的其实是花朝节百花争艳的“赏红”民俗。古人因踏春赏花，对花生出无限怜爱与呵护之情，于是在百花生日这一天，给花枝赏红，以祝愿花木繁盛、青春永驻。

唐代自宫廷到民间，爱花赏花的热情持续高涨，“春日寻芳”是举国上下每逢花季必然追求的时髦雅事，“若待上林花似锦，出门俱是看花人”；宋代，赏花消遣已经成为各个社会阶层共同的爱好，正如欧阳修在《洛阳牡丹记》中的描写：“洛阳之俗，大抵好花。花开时，士庶竞为游遨。”

走入自然，以二十四番花信来感受四季更迭，日子就充满了美和浪漫。日本把定期欣赏应季花卉的活动称为“花见”，仿佛是以这一种仪式，感性地引出与花季的约定。“又是一年花开时”，比起日历上的数字日期，争相开放的鲜花和短暂的花期总是以直观的色彩唤醒身体对时节更迭的感知，更加准确，也更加让我们眷恋、珍惜。以赏花为主题的雅集就在无声中造成一种紧迫感，“劝君惜取少年时”，提醒人们花开不可辜负。雅集“樱花树下一席茶”，借樱花转瞬即逝的美，邀三五好友，于树下席地品饮，微风吹过，花瓣翩翩如雪，有飞舞的轻盈之美，有决绝的凄然之美，有少女般娇羞的浪漫，也有恋人般轻抚脸颊的温柔。一场雅集，以茶为媒，品的是花开花落的心绪。

佩花：开筵对客许簪花

古人赏花赏心之外，常常折枝以佩戴，悦人悦己，更可以借花草之美，展示独特的个性和品格。战国时期，屈原在《离骚》中就以“扈江离与辟芷兮，纫秋兰以为佩”记录了自己的

“人体花艺作品”；南北朝则流行在赏花时将花卉集系于腰带，名为“百花带”“聚芳”；唐代的贵族妇女和宫人们将硕大的花朵插在头顶装饰，传世名作《簪花仕女图》中记录了她们的风姿；“花冠风”则在宋代女子中特别流行，上自贵族下至百姓，几乎人人喜爱；宋代男性也爱簪花，韩琦曾邀请王安石等四位好友一同观赏名贵品种的芍药“金腰带”，兴起时一人一朵簪戴，宴饮雅集，成就了“四相簪花”的典故。就连一些大型的庆典活动之后，皇帝都要依不同的官阶等级，赐花给大臣们。簪花不仅是风尚，还是礼仪，一时间，“牡丹芍药蔷薇朵，都向千官帽上开”。时至今日，南方的很多城市依然有沿街叫卖栀子花、茉莉花的传统，几元一串用棉线绳穿好的花，挂在衣服纽扣上、包包上，花香袭人，久久不散。

佩戴鲜花源自对花卉的热爱和不舍，今天的我们没办法任意取折自然花卉，但在雅集上采购鲜切花效仿古人佩花，却是十分有趣的。除了大的花朵直接拿来插在鬓边，还可以用“人体花艺”的创作技法，动手制作胸花、头花、帽花、项链等装饰，力求“花团锦簇”的热烈气氛。一场“秋色连波”雅集，为每位客人准备了黄色香雪兰等色彩绚烂的花材制作鲜花胸针，为雅集增添秋色秋意；一场在沙滩上进行的“海天有约”雅集，签到之后由老师带领用鲜花编织花环，参与的女士们每一位都头顶花环、裙裾飞扬，海天一色相映衬，让雅集格外鲜活。

插花：小瓶春色一枝斜

在花卉并不繁茂的季节，插花助雅兴的风气渐盛。从唐代《湖亭游骑图》所绘宫室可见，桌面几案都有花卉瓶插装饰；南唐后主李煜在每年春盛之际，隔筒密插杂花，名为“锦洞天”，是有名的插花雅集；宋代，《墨庄漫录》记载了洛阳太守操办“万花会”宴集雅士，如何以花为屏帐，如何在梁栋柱栱钉挂竹筒，注水插花，一次雅集用花量可达十余万枝，且岁岁如此。宋代文人视插花为“四般闲事”，明代文人视插花为“幽栖逸事”，花中自有颜色，以寄托季节时令；花中自有花语，插花作品的瞬间美，象征时间的流逝，提醒人们对当下时光的珍惜。

现代雅集中，花与茶都有凝神静气、安抚与洗涤心灵的功效，两者缺一不可。插花之美，是将花的色彩、姿态和品格巧妙运用，例如，一年之中有很多值得纪念的节日，四季也有相应的色彩，雅集插花的花色，可用来为节日增色——贺正的新年雅集，以大红色为基调，采用冬青、佛手、水仙等传统花材，营造新春的喜庆吉祥，插花在雅集中是渲染氛围、营造格调的重要元素。

欣赏插花的雅集可以搭配书画欣赏、歌舞欣赏，或是吟诗作赋，以求浑然忘我、逍遥自得。“书赏”“画赏”“乐赏”“诗赏”等等，唯有雅事，堪与插花匹配。例如“琴赏”，对花弹琴，演奏古琴、七弦、阮咸等，是花间雅集的一种常见形式，花以悦目，乐以生情。但古人在求新求雅之时，依然首推“酒赏”。有一场雅集记录了李白与兄弟们的花下饮酒歌唱，于是便有《春夜宴桃李园序》中的名句“开琼筵以坐花，飞羽觞而醉月”。花下饮酒谓之“醉花朝”，花助酒兴，酒借花魂。五代之后又兴“香赏”，在插花作品旁配以不同的香炉，分别燃放各种名贵香料，以求风味与花相和。“沉水香销梦半醒”“自拣残花插净瓶”。

食花：夕餐秋菊之落英

对有一定品位的人来说，食物，重要的不只是味道。食花，有美感、有香气更有风雅，最宜雅集。屈原的“朝饮木兰之坠露兮，夕餐秋菊之落英”用以言情志；李渔在《闲情偶寄》中发明了“花露拌饭”；《山家清供》里记载了鲜花入馔的种种

食谱，例如“采芙蓉花，去心、蒂，汤焯之，同豆腐煮。红白交错，恍如雪霁之霞，名‘雪霞羹’”。古人食花的风俗由来已久，还用各种以蒸馏法制成的珍贵花露，入茶入酒，调成花香适口的饮料。

如今，雅集上可以食用的“鲜花”更多，有玫瑰花、茉莉花、桂花做成的各种糕饼，有各种花样造型的桃花酥、和果子，有水果加鲜花熬制的花酱与花蜜，还有以鲜花、花瓣装饰的各式蛋糕、甜品；品饮的种类也更加丰富，除了传统窨制的茉莉花茶、桂花茶等，直接冲泡的花草茶外观美丽，还可以调制出雅集中独特的香气和意境，深受女士喜爱。

花草植物与人一样有生命、有品性、有格调；含蓄、优雅、飘逸、遒劲……太多美的意念和美的共鸣是借由花卉带给我们的；花中君子、雪中高士、花之隐逸者，雅人雅集，也是花之雅集。

雅集中的三种视觉美感

我始终认为，“雅”的反义词不应是“俗”，而是对生活的麻木冷漠，对美好的视而不见、无动于衷。一场好的雅集，要用“雅”来唤醒客人的感官和感受力，“视觉美感”便是最容易被唤醒和调动的。

自然环境美

雅集的“雅”在于环境的高雅别致。

微风、暖阳、池边、竹林、松下、草坪。在各种环境的选择中，我更喜欢自然环境。日本著名茶人、美学大师千利休在

一次茶会之前，让儿子少庵在甬道上打扫。少庵扫完，他看了一眼，说是还不干净，少庵又仔细打扫了一遍，并确认没有尘埃，可千利休还是不满意。最后千利休走进庭院，摇动树木，让深红色的枫叶散落一地，如秋天的锦缎铺陈。自然之美，本就胜过人工数倍。

一次香道雅集，老师安排在郊区的户外，出发前，我还有些担心空旷的环境会影响香气的识别，结果静下心来盘坐在草坪上时，瞬间就被大自然的各种香气环绕包围。初冬阳光的暖香、海风的咸香、草坪的鲜香、松枝的清香，加上喜鹊欢快的啼叫，五感迅速被自然的美好唤醒。在这样的环境中去调配当下的情境香：琥珀加上沉香营造空旷感；侧柏叶和新鲜的松枝，凉而不冷；老山檀加上肉桂，代表愉悦的情绪；安息香加豆蔻，是甜美果香……嗅觉和心灵都会比室内更加敏锐而多情。

茶会也适合户外，与自然融为一体，让品茶变得更加鲜香。记得有一次在西湖边的茶楼品饮龙井，看外观便知不算上品，可面对西湖春色，吹拂着汴京暖风，加上全然放松的度假心态，那一杯茶竟定格为我心中极品的龙井滋味。自明代文人开始追求饮茶的审美意境之后，茶空间的“雅”就朝向自然环境美的借用和创造，更不要说“樱花树下一席茶”“荷塘雅月”的雅集策划，以转瞬即逝的季节美为名，成就了雅集的魅力。

如果条件不允许，自然的环境美也可以巧用匠心人为创造。无论室内还是室外，席地而坐是我偏爱的待客方式，仿佛坐得低一点，就可以离“地气”更近一点。在地面、桌面以植物陈设“造景”，除了用四季常青的盆栽，还可以春季用瓶插桃李枝条横斜，夏季用荷叶芭蕉叶铺陈，秋季用芦苇连成一片，冬季用毛毡、棉花模拟皑皑白雪。造价不高就可以把“自然”引入雅集，不求写实但求写意。

空间氛围美

现代生活和商业空间环境讲求实用性，如何在有限的条件下，营造独特的氛围，需要一定的审美趣味和文化品位。

光与影是艺术家营造氛围的手法，利用窗棂，引四时光影入室，可以使室内呈现“天光云影共徘徊”的意境，还可以另辟蹊径，用光影在室内造出“竹影婆娑”“疏影横斜”的诗意之景。南宋林洪在《山家清事》里记载了“梅花纸帐”的光影空间营造：在床的顶罩和床头、床尾、背壁三侧用细白纸蒙起来，做成纸帐，将插了梅花的花瓶悬挂于床脚的四根柱子上，每当阳光照到梅花，就会把花枝的光影映到帐上，光与影虚实结合，摇曳生姿。“纸帐梅花醉梦闲”，文化与美学的高度，体现了宋人的生活趣味。日本的障子门用和纸糊作，也有异曲同工之妙。记得有一年去日本的茶道大师家中学习茶席插花，步入厅堂，一整面墙的障子门阻隔园中景色，阳光却把室外竹影映衬于和纸之上，风吹叶动，朦胧的美感若隐若现，含蓄婉约，让人过目不忘。

屏风、竹帘有着区隔空间、调节光线和营造氛围的作用。垂挂竹帘的空间虽有遮挡但若隐若现，神秘与浪漫并存，最受女士欢迎；腾挪方便的屏风，也是改造空间最便捷的装饰物。不同材质、造型，或现代或古典，雅集有它们，可以遮挡光线、屏蔽闲杂人等，还可以做雅集的背景、摄影的前景。

很多雅集要求服装统一，其实也是一种氛围美的营造，人多的时候难免色彩混杂，统一服饰能让背景更加整齐、干净，影像资料后期处理也比较容易。如果能将服饰的选择与主题匹配，例如白茶茶会穿白色棉质长袍、绿茶茶会着淡绿色旗袍，就更堪巧妙，如果衣服不能整体统一，用丝巾、云肩或者其他大面积的身体装饰，也不失为一个好办法。

器物使用美

四季更迭，很多愉悦就藏在对器物美的感知之上。在《积存时间的生活》一书中，87 岁的英子奶奶依然会在换季时更换餐桌桌布和饮食器具，对生活之美的追求，从来与年龄无关。在日常生活中，由于收纳空间有限，器物的数量和种类总是不能随心所欲，但雅集不同于日常生活，茶具、餐具、点心盘，桌布、茶席与铺垫等等，就要注意与主题和环境匹配，用色彩和材质的协调，带来美的层次和变化。

例如，不同的季节和雅集氛围，所用的茶器是不一样的，春天要用青瓷或透明的玻璃茶器，才能与路边愉悦的春色呼应，或更直观地欣赏嫩绿的茶芽起舞；炎热的夏季，色调清凉的茶器搭配有凉爽质感的纯麻茶席，就能带来服帖又凉爽的感受；秋季选用洋溢着秋日氛围的器具，红釉瓷、朱泥紫砂，让品饮的时光增添浓墨重彩的秋意；在寒冷的冬季，深色调的茶器、厚重的胎土，都会让客人收获沉甸甸的温暖。著名唐诗《五言月夜啜茶联句》就作于颜真卿、皎然等六人的月下茶会雅集，“素瓷传静夜，芳气满闲轩”，五位诗人选择白瓷来衬托茶汤，亦衬托出月夜的静谧；史学家连横更是提出“茗必武夷，壶必孟臣，杯必若琛”，甚至“非此不足自豪，且不足待客”，可见，雅集的美器选择，也是主人的待客之道。

不同的食物、不同的主题，器具的选择应有不同。很多诗词都描写过古人对于点心和小食的择器标准，如：“香浮乳酪玻璃碗”“金盘乳酪齿流冰”，以琉璃碗和金盘专门用来衬托乳酪的凝白；“碧碗敲冰分蔗浆”，是说盛装甘蔗汁最宜用青瓷。面对不同的人群，器具也应有所差异：细腻优雅的彩瓷适合蕙质兰心的丽人；手作的白瓷和手绘日式青花，适宜喜爱棉麻和极简风的文艺青年；紫砂器具适宜具有文化气质的人，通常爱历史也爱鉴赏；内心笃定又大气的人，往往偏爱拙朴粗陋的黑瓷……就像每个器具都有命中注定的主人，每场雅集的器物也会让相知相惜的人同频共鸣，各取所好。

雅集讲究唯美和精致，是因为我们总是习惯先用眼睛感受美，再去用心感受幸福；当雅集的视觉美感深入客人内心，留下温暖的回忆，甚至成为认知美和感受美的契机，那才不枉以雅集一场，向先贤致敬，借传统美学，共享生活的美好。

策划一场雅集

六人欢笑，六姬讴唱，六博时分胜负。六家盘馔斗芳鲜，恰两月、六番相聚。

特排整整，华筵楚楚，终是不如草具。赏心乐事四时同，又管甚、落花飞絮。

——宋·郭应祥《鹊桥仙》

“雅集”是一种古时文人墨客以文会友、吟诗作对的聚会，类似于现代的沙龙。现代人对生活品质的追求越来越高，希望社交时有仪式感，希望在文化艺术活动中寻求精神的慰藉。用心策划一场雅集，让客人留下“偷得浮生半日闲”的美好回忆，是生活美学的“升级版”。

主题策划

雅集要有高于日常生活的形式，雅人、雅事、雅兴，缺一不可。通过焚香、挂画、瓶供、吟咏诗文、抚琴、礼茶等形式，满足现代人对“闲适”“优雅”生活的向往。策划一场雅集，主题明确是第一步。

首先，主题可以因“雅人”而定，即为什么样的群体量身打造。例如，“淑媛雅集”就是专为热爱传统文化与生活美学的女性策划的，重点要关注参与群体的年龄结构和兴趣爱好，寻找并挖掘趋同性。

其次，主题还可以由“雅事”而命名，但要明确“雅事”如何举行。比如雅乐雅集，来宾是以欣赏还是以演奏为目的；茶会雅集，是以品鉴为主，还是以学习交流茶学知识为目的；书画雅集，是随性笔会，还是以统一的主题考验大家的技法和审美，都需要用心创意，以期令人耳目一新。我曾参与过一场古琴雅集，它与一般的演奏雅集不同，是以古琴曲《阳春》为核心，表演者逐字逐句地弹奏《阳春》，拆分并加以引导，下面的观众则在琴音中感受意境，发言分享，于是“雪落梅瓣”“春风解冻”“柳浪闻莺”等极具画面感的分享，配合古诗词的引用，让每一位客人都感受到琴音中春日的勃勃生机，接受了传统文化的洗礼。

主题明确之后，雅集的命名不可随意。我们可以参考宋徽宗为“国家画院”考试拟出的诗题“深山藏古寺”“踏花归去马蹄香”“野渡无人舟自横”，将测试职业画工技法的试题，变成挖掘审美品位的意境呈现，创造了空前的文化美学高度。好的命名是一个广告，本身就能传达雅集的意境之美，更容易引人入胜。

还有很多雅集是综合性的，琴棋书画、诗酒茶花，多种形式

并存，可以充分调动客人的“雅兴”，这类雅集也需要有一个主题将所有形式统一起来，很类似今天的书画展主题。可以用特定的日期、节日为题，例如“春日集”“重阳集”等，也可以用历史上的典故或诗词歌赋中的名句来命名，具备包容性。

流程策划

流程策划的合理和衔接的流畅，能够让客人感受到组织者的用心和体贴，除了正式主题之外的雅集内容，很多环节的设计能够给雅集带来更精彩的效果。比如“兰亭雅集”的主题是饮酒作诗，但饮酒的形式至关重要，“曲水流觞”的形式就是优秀的流程策划，“虽无丝竹管弦之盛，一觞一咏，亦足以畅叙幽情”，将晋代文人的随性不羁表露得尤为充分。

我曾经策划并参与“心与艺游” 雅集，是一场展现中国传统艺术的雅集，客人席地而坐，边品茶边观赏插花、古筝、古琴、二胡、昆曲表演。但如果只是表演助兴，远没有让客人亲身参与其中的体验好，于是，这个雅集加入了学习昆曲念白的环节。当昆曲表演完毕，客人正陶醉在优雅的唱腔之中，一句念白的学习，不免让大家心潮澎湃、跃跃欲试。“原来是姹紫嫣红开遍，似这般都付与断井颓垣”，齐声的吟唱将雅集推上了一个小高潮，也被评为当场雅集印象最为深刻的流程之一。

雅集中设计的一些游戏环节也是活跃气氛、增添凝聚力的方式。有一次雅集，我深受当时大热的电视剧的影响，策划了“投壶”游戏环节，现场的客人玩得不亦乐乎。查阅资料才知道，投壶来自“六艺”礼、乐、射、御、书、数的“射”，不但是一种游戏，还是一种宴会的礼仪。“射者，仁之道也”，宋代文人慕古情结深重，每逢宴饮，主人家必设投壶之戏，既可修身养性、活动筋骨，又是君子礼仪和品格的展示。游戏在雅集中是一件好玩又意蕴丰富的雅事，也要讲求雅致和文化性，比如“飞花令”联诗，比如抽取酒令筹码，不妨多学习些“精致的淘气”。

细节执行

雅集的主题确定后，就是一系列的流程和执行细节了。做过雅集的人都知道，一场雅集要精心布置环境，接待客人要体贴谨慎，还要彰显格调，讲求品质。很多细节需要面面俱到，这时就难免羡慕宋代的“四司六局”了。

在商品经济发达的宋代，“四司六局”是一种特殊的专业社会服务机构，是专门操持宴会、提供筵席服务的，类似如今的活动公司，而宋代的“活动”文化品位很高，是身份和地位的象征。借鉴“四司六局”的分工，就能大体捋顺一场雅集所需的人力物力。

“四司六局”的四司是帐设司、茶酒司、厨司、台盘司。现代雅集的餐饮部分完全可以交由更专业的餐饮公司，所以负责后厨工作和负责上菜、碗碟清洗的厨司、台盘司可以忽略不计。如果是餐饮主题的雅集，吃什么不重要，客人“感受到的”才最重要，现在有很多私房菜会以诗文命名菜品，只看菜单，就能感受到浓郁的文化气息，加上精美的餐具和摆盘，“雅宴”才堪配“雅集”。

其余两司，帐设司是专门负责搭席、桌帏、屏风、书画等布置工作，一场雅集的氛围，要靠环境来营造，环境布置的工作繁重，要预留足够的时间进行准备。茶酒司负责给客人倒茶、斟酒，转换到现代雅集，是负责迎来送往、签到落座、传语递

物等总指挥和总调度工作，类似于婚礼总管和活动总负责人。

六局分别指：负责水果、干果的果子局，负责甜食的蜜煎局，负责菜蔬的菜蔬局，负责灯火照明的油烛局，负责香事和提供醒酒汤、药饼的香药局，负责桌椅、场地布置、洒扫之事的排办局。大体上与现代雅集的需求、分工相似。例如香品的安排，注重品质的雅集都是要香气萦绕的，不管是现场表演还是背景焚香，氤氲香气都是一场雅集重要的嗅觉定位，书画雅集强调雅致的翰墨香气，古琴雅集就适宜清幽沉香。记得我为一场淑媛雅集合过一款香，香名“淑媛汇”——以天木、柏木搭配很多花香香料和合而成——“这个世界上，总有一种女性，能把惯性的生活过出美好的样子，也许她们性情不同，或如玫瑰奔放，或如丁香含蓄，或如桂花甜美，或如菊花淡雅——也许时间会逐渐改变她们的身份，从女孩到女人，从妻子到母亲，但她们追求美的姿态从未改变……世上美人无数，淑媛汇集此间。”

很多人觉得雅集是陈旧的、复古的，文化是晦涩的、矫情的。我觉得，雅集就是邀志同道合的人用一场“无用”又耗时的生活时尚，一起感受文化艺术的魅力，舒缓精神压力。雅集是现实生活的美好梦境，值得用心策划和准备。

终身成长

愿
愿
愿我们每日
眼里有光，
心中有爱。
吉

自由，是女人给自己最好的礼物

这些年，女性题材的影视作品和综艺节目大热，将大家的目光聚焦在女性真实的社会压力上。原来在传统观念里，大龄女青年是“剩女”，是让父母愁白头发的不孝；婚姻出现问题的女性，则信奉“家丑不可外扬”，遇到问题大都忍气吞声默默隐忍；在职场打拼的女性，稍有成绩往往被贴上“女强人”的标签，在别人眼里婚姻一定有问题，仿佛家庭和事业不可能兼顾。很多女性无法承受这些压力，变得极度缺乏安全感，对外要求占有更多，或者慢慢否定自我价值，不清楚自己存在的意义，还有很多人被胁迫着违背自己的意愿，不开心地活在别人的期待中，甚至有些人陷入焦虑，被失眠和猜忌深深折磨。

在我看来，这些问题的解决办法通通可以归结为两个字

“自由”。属于女性的财务自由、灵魂自由，和永远对自由的追求。自由，是女人给自己最好的礼物，越早付出行动，越早掌控人生。

首先，财务自由是基础

每个女人都有自己的梦想，希望自己在婚前和婚后都可以生活得高贵、高傲。坚持梦想、恃才放旷的人生是需要前提的，这个前提便是财务自由。财务自由的意义是帮助我们免受工作、生活，甚至是感情的牵制，敢于拒绝去做违背自己意愿的事情，敢于拒绝差那么一点点热度的感情，甚至敢于拒绝失去爱情之后的婚姻。

大家都接受“富养女孩”的观念，但其实女性的温柔，也需要富养，至少生活衣食无虞。金钱作为人生重要的砝码，对女性而言，是最重要的安全感，以及实现自我目标的象征。这些观点在“有情饮水饱”的青春年少时，是很容易被忽略的，可是，财务自由，在我看来，不是父母给的，不是丈夫给的，甚至不是工作给的，它取决于你的前半生，是否拥有赚钱的能力。

我是不赞成女性毕业之后就匆匆把自己嫁掉做全职太太的，在最适合为事业打拼的年纪，没有经历过职场，没有为自己积攒求生的本领，没有面对困难、解决困难的勇气，这样的人生一开始，就少了我们对自己意志和理想的掌控，丧失了生活的主动权。在人生的某个阶段抽身做全职太太，也一定要坚持学习，保持前进的节奏，拥有随时复出的能力。

女人可以暂时不赚钱，但一定要会赚钱，这才是女人可以按自己的意愿过一生的底气。理财与投资之道，也是女性的必修课，做好家庭首席财政官，掌舵柴米油盐和股票经纪。那些因缘分未到也绝不将就的单身女性，那些结束错误婚姻从头开始的女性，只要有赚钱的能力，就可以坦荡从容，保持一颗永远高傲的公主心。追求自由，我们有自己的方式。

其次，灵魂自由才是本质

物质基础决定上层建筑，但物质基础永远无法取代上层建筑。财务自由是金钱和财富带来的安全感，可是还有一种安全感，是超越物质的，那就是我们追求的灵魂的自由。

有作家说："一个女人一定要有自己过好日子的能力，要有别人没法拿走的东西，这很重要。"比如说老一辈的人特别信奉"有手艺的人"，这些知识或者技能之类的东西是不容易被他人拿走、不会贬值也不会经历风险，"是你的就永远是你的"；相反，它能随着岁月增长，给我们带来像大树扎根般越来越稳固的安全感。

一项调查表明，大部分女性将"自信"放在女性财富第一位，排名第二的是"独立的经济能力"，还有更多的女性开始认为，"学习新知识的能力"是女人不可忽略的不动产。

唯有学习，才是女人的底气，我们想要的"任性"生活，其实是我们不断充实自我的结果。有一次，一位美女作家、自由撰稿人的签售活动，邀请我去做对谈嘉宾，她自由自在的生活状态让很多人羡慕：一年仅一个月的时间在国内，剩下的日子随便在哪里住着，微博里除了阳光就是异域的风土人情，看起来是所有人都羡慕的人生。

我代表我的很多学生问了她一个问题，如果想要学她做一个自由职业者，要做哪些准备。结果她一脸严肃地回答，一个自由职业者的背后，其实是早已养成的良好的职业素养和高度自律。所以，你看得到的任性和肆意，背后是加倍的勤奋和努力。

一定还有很多女性这样说：“我们也想学习呀，可是紧张忙碌的工作和教育孩子的压力已经让人疲惫不堪，学习，实在没有精力呀！”健身的人都懂运动之后身体的放松与舒适，学习与健身其实一样，是让我们在精神上更好地充电，充电之后元气满满，更好地迎接新的人生、新的挑战。

不断学习意味着一种安全感，可以在生活中给自己更多选择

的机会。有一句俗话，叫作“任性过生活”，这个“任性”不是放任，是真的需要付出努力，所有女人都想又白又美又有钱，嫁个疼自己的老公，儿女听话成才，做着自己喜欢的事，其实，这些都能以坚持学习来实现，人人都可以“梦想照进现实”。

学习不是让人生畏的寒窗苦读，是主动接纳方方面面知识的态度和意识，为的是做自己喜欢的自己，做更美好的自己。例如变美，这件对女人来说最重要的事：我们要学习化妆，让自己展现在外人面前，永远光彩夺目，魅力十足，这样，我们才有底气独自在家的时候蓬头垢面，随意慵懒，不必像日本女人那样等老公睡着后再卸妆；我们要学习穿衣戴帽、服饰搭配，有游走在时尚前沿的从容，为的是，每次购物都自信满满，之前不冲动，之后不后悔；我们要学习追求更美好的生活，品味美食、品鉴美酒、花前月下、与茶相伴、与花相伴。谈恋爱的时候不心疼钱，结婚后更要会花钱，“会过日子”是老一辈的省钱观念，在这个物质充裕的时代，把日子过得美好、浪漫才是要点，不然就不会有那么多“生活美学”主题的倡导，因为所有的身外之物，都不只是物，它们慢慢堆积成我们更美好的生活，更何况对孩子来说，最直接的美育教育，就是来自妈妈的点滴生活。

我们爱读书、在不断学习的过程中养成快速接触并吸收新鲜事物的能力，为的是，掌握有与时俱进的社交货币，上知哲学艺术，下懂股票经纪。灰姑娘嫁王子只是童话故事的结局，漫长的婚后生活也需要共同语言的培养，最好再有一项让伴侣惊艳的技能，有一项让孩子崇拜的爱好，那样，在漫长的岁月中可以换取更多的从容不迫。到最后，我们发现，学习是用一件自己喜欢的事，对抗世事繁杂、柴米油盐，让我们保有一颗不老的赤子之心。

不断学习以追求灵魂自由，是女人一生的修炼，所有人的青春都是相似的，但不断学习带来我们气质和容颜上的差异。就像三毛说的，“读书多了，容颜自然改变，许多时候，自己可能以为许多看过的书籍都成过眼烟云，不复记忆，其实它们仍是潜在的。在气质里，在谈吐上，在胸襟的无涯……”所以，无论你有多爱自己的先生和孩子，请保留同等的爱给自己，保留属于自己的人生。你的灵魂越自由，你的心就会越强大；你的心越强大，你付出的爱就会更多更宽阔，你才真正意义上拥有爱的能力。

最后，永远独立自由是贯穿女性一生的追求

近几年，女生聚会离不开的一个话题就是微整容。好朋友经常语重心长地邀我加入，可我一是胆小，二是自认不是美女，除非大动干戈，否则整与不整的效果差不多。我倒是很欣赏每次见到她们，都更加明艳照人，但我不能理解的是，一次次花钱，并没有减少她们的焦虑，谈论的话题，依旧是松弛的皮肤、下垂的胸部、隆起的小腹。我才意识到，岁月真的是让女人最恐惧的敌人，而我们一味惧怕衰老，在容貌上大做文章，并不能换回内心的一丝安定。

如何能够抗拒这种焦虑和恐惧，说到底，女人需要明白，独立和自由是贯穿女性一生的追求，我们最终的归属是自己，最终取悦的也是我们自己，我们不断努力所追求的，正是自己内心的充盈与宁静。

我欣赏很多有韧性的、内心安静的女性，她们不断地进步，不断地挑战自己，释放出更多不同的立面，即便年华老去也丝毫不减魅力。那些总想活在 20 岁的女人，和那些活在当下、享受幸福的女性比起来，或许前者没有皱纹，但一定是后者更美更自信。所以，如果时间可以倒流，至少我自己是不要回头的，

因为爱自己每一天的成长轨迹，有遗憾、有缺失，有失败的苦涩也有成功的喜悦，我接纳不断学习、不断成长中的自己，所以也珍视成长带来的容貌上的改变。

时光不只无情，时光也是馈赠和礼物。与其惧怕年龄，不如拥有一个不断学习追寻自由的生命，20 岁活出青春，30 岁活出品位，40 岁活出优雅，50 岁活出乐观，60 岁活出淡然，70 岁活出豁达，80 岁活出慈祥……活出那个年纪该有的美好，像一座高楼，每上一层，都能领略不一样的风景。

我既不是强调男女平等的女权主义者，也不是传统观念的“女德”维护者，我所倡导的女性文化，是以一种追求自由、有计划以不断学习付诸成长的“新女性主义”。这样的女性像个万花筒，每一次旋转都能看到不同的风景，永远挖掘自己无限的神秘潜能——哦，原来我也做得到，我也能活成别人眼中的传奇。

拼一拼才情

“才”与“情”，一个内在一个外显，两相结合，方显女性魅力。

有“才情”的女人，并非只有才。

不知道什么时候起，“才女”用于形容相貌平平、衣着平平，有几分才气又心高气傲的女生，很多女性也以此称谓自居，宣称“外表美都是浮华，内心美才是永恒”，让人敬而远之。前些时日，得见一位同年龄的女性学者，我夸赞她五官标致，特别适合淡妆修饰，必定精神百倍，没想到她满脸不屑，当头一句“我不靠那些”，惊得我哑口无言。

在这个讲求效率的时代，第一印象往往是初次见面的几秒钟，与其期待有人“透过外在看到本质”，不如放下自恃清高的“才”，将内在和外在统统打理到精致得体。

况且，若真是才女，又怎会读不懂“巧笑倩兮，美目盼兮”，怎会不向往“翩若惊鸿，婉若游龙。荣曜秋菊，华茂春松”，怎会不学习“披罗衣之璀粲兮，珥瑶碧之华琚”？女人可以生来不够美丽，但一定要懂得自我修饰，自我提升，知道该如何展示自己最美的一面，懂得如何用优美的体态和浅语轻笑释放举手投足的风情，懂得软语轻声、满面娇嗔地问情，懂得如沐春风、善解人意的热情，温柔活泼，观之可亲。正如端庄的宝钗敌不过真性情的黛玉，杀伐决断的凤姐在琏二爷面前也有柔情似水的一面，北方有《聊斋志异》里的妖娆狐仙，南方有青楼女子的千古佳话，南北差异在东方男性的审美观上高度统一，证明了女性外貌特质的重要性。貌美的灰姑娘尚需魔法装扮，世间男子也未必坚信宝藏必埋于深邃，千辛万苦始见真金。

称得上“有才情”的女人，又必须有才。

我喜欢有“才”的女性，这份“才”可以是工作的能力，也可以是爱好兴趣，有“才情”加持的女性，外表格外灵动聪慧，待人格外温暖体贴。

记得曾经受邀为一场形象大使的选拔活动担任评委，美女们过关斩将，杀到最后的都是形象气质绝佳的佳人，分数也都相差无几，可是最后一关比拼才艺，吹拉弹唱，挥毫泼墨，身怀绝技的美女几乎是一招制敌，傲视群雄，回头再看落败的一众美人，就越发觉得缺了那么些气韵。

电视剧里的三千佳丽，都集中在后宫，可在这个遍地美女的社会，美貌来得太过容易，各种先天不足都可以依靠化妆品进行修饰，再狠点还有医学美容，况且引人注目的容颜和赏心悦目的身材，也只是年轻时候的资本。真正的美人，是生动的、全方位立体的形象，包括女人的神情气质、言谈举止，以及一切能够表现在外在的内在。靠的不仅仅是上天的眷顾，更是不断的自我关注与自我雕琢。

“才”与“情”相通，“知书”方能“达理”，“有趣的灵魂”一定是乐于分享、谈吐不凡。

若论恋爱功力，有才情的女子配得上天下大名士。流落风尘的秦淮八艳之一柳如是，既可以与青年才俊恋爱，也可让一代大名士钱谦益甘拜石榴裙下，成婚后与夫君纵横诗酒、谈政论道，为后世称道小女子的家国情怀和政治抱负。

若论夫妻之道，有才情的女子更会赢得夫君赏赞。正是在赵明诚的欣赏、包容和大力支持之下，李清照才成为大文化背景下少见的才华横溢的女性，以独特大胆的女性视角，将女性的委婉与柔软，优雅生活的态度与细腻的情思，尽书词中。

就连婚姻中的危机公关，有才情的女子也能从容解决。在丈夫赵孟頫动了纳妾念头之时，管道升写出：“你侬我侬，忒煞情多，情多处，热如火。把一块泥，捻一个你，塑一个我。将咱两个一齐打破，用水调和，再捻一个你，再塑一个我。我泥中有你，你泥中有我；我与你生同一个衾，死同一个椁。”

深情一曲，硬是感动夫君，不离不弃，相携相伴。

我曾在一个活动中采访当日的男嘉宾，什么样的女人才是符合男性审美标准的好女人，一位学者毫不犹豫地提到一个名字——“芸娘”，说她是被林语堂称为“中国文学以及中国历史上一个最可爱的女人”。如此高的评价，又有一远一近两位大师学者的推崇，活动一结束我就立刻找出《浮生六记》来读。

《浮生六记》并非文学作品，而是一部自传体的散文，芸娘就是这样真实存在的女性。陈芸恪守妇职，孝敬父母，善待丈夫的兄弟和朋友，与丈夫举案齐眉，相敬如宾，在大家庭里受了委屈也不针锋相对——符合礼教社会对女性贤惠的要求。

陈芸很会持家，精刺绣，擅烹饪，寻常“瓜蔬鱼虾，一经芸手，便有意外味”，房间收拾得纤尘不染且有雅意，为沈复料理衣装不奢不寒，得体自然——符合男性对女性生活素养的需求。

陈芸聪明伶俐，没有念过书，却靠自学能吟诗作文，她爱李白的诗和司马相如的赋，培养出自己极高的艺术领悟力——符合现代社会对女性的才能要求。

陈芸志趣高雅脱俗，总有一些为生活增添雅趣的巧思，对一切美的事物都有着与生俱来的亲近感，爱看山水，爱游园林，爱花草，爱书画——非常具有生活的情调情趣。

沈复一生游离于功名之外，陈芸也不像一般女子那样重名利，二人在寻常生活中找寻乐趣，闲暇时，她与沈复吟咏诗歌、点评文章，是沈复精神上的同道和知音——符合男性对红颜知己的精神需求。

陈芸是她丈夫心中的瑰宝。在《浮生六记》的记录中，沈复曾于七夕镌刻一对“愿生生世世为夫妇”的图章，作为书信

往来，还一同供奉月老，以求生生世世为夫妇，这样毫无保留地表达夫妻之间的情感，在封建社会实不多见。在芸娘去世之后，沈复不畏忌讳，心心念念盼望与芸娘芳魂一聚，不逊于“悠悠生死别经年”的悲恸和“十年生死两茫茫”的凄凉哀婉，让人垂泪动容。

在女性地位低下的古代，有才情的女人一次次告诉我们什么叫“赢在智慧”；在当代，女性获得更多人生自主选择的权利，具有独立的自我意识，当然更应该努力谋求情感与家庭的幸福。有才情的女性谈吐不凡，举止优雅，一定离不开耳濡目染的文化熏染和艺术滋养，这是女人的自我投资；有才情的女性有美丽的外表，有涵养的内在，是爱人心中的解语花，是陪伴孩子成长的智慧妈妈；有才情的女性不但自己活得滋润、能量满满，还能以从容的生活态度，感染和滋养身边的亲人、朋友。她们大多爱读书，爱思考，爱艺术，爱生活，学识的积累让她们获得内心的充盈，让她们心地善良、为人豁达；视野的开阔和独立的思考，令她们从不张扬、不浮躁、不虚荣、不随波逐流；她们总是面含微笑，却又坚守内心，把平常人过得匆忙烦躁的生活，过出“诗意和远方”。

“惜春春去，几点催花雨”，“拼才情”，时不我待。

兰晓供图

时间会回答

“万里归来颜愈少，微笑，笑时犹带岭梅香。试问岭南应不好，却道，此心安处是吾乡。”（苏轼《定风波》）

每当我在生活中遇到困难时，我就会翻出《苏东坡传》，读千年来令无数人倾倒的灵魂，如何经历逆旅而行、沉浮坎坷的人生，又是如何翩然如风、肆意潇洒地面对，创作出让人望尘莫及的作品。

其实，每个人的人生轨迹都是相似的，大时代给每个人的机遇也都相似，除了不可选择的出身，以何种方式和何种心态面对生活，才是个体之间区别的关键。

40 岁的底气

去年的我，惶惶中踏过 40 岁的门槛，说也奇怪，之前时不时出现的一些愤愤不平、一些心有不甘、一些千回百转，包括一些间接性的“雄心壮志”，突然变得没那么“时不时”了。不是因岁月“磨平了棱角”“丧失了斗志”，不是故步自封、放弃折腾，只是突然清晰而明确地知道自己的方向和目标。人生苦短，不再拥有年轻的资本，也就知道哪些事该“有所为”或“有所不为”；不再容易被周围的人和环境影响干扰；不会因忙碌辛苦的工作而自怜自伤，不会因消磨休闲的时光而心怀愧歉。古人说“四十不惑”，诚不欺我。

我是持续学习的受益者，这些年，让我收获颇多，也更坚信：学习带来的力量，对年轻人足可以改变命运，对中年难免焦虑的人群，就是增加了可选择的方向和坚持自己的底气。此处的学习并不只是课本上的学科知识，也不是从本科到硕士博士的学历证明，我所说的“学习”是一种不肯停止生长的精力，对未知世界的好奇和为梦想不懈追求的努力。

任何职业都面临时代洪流下优胜劣汰的激烈竞争，专业人员也不例外。我的本专业是设计艺术，在 10 余年大学任教的时间里，已经有两次跨学科的转型，一次主动，一次被动。那次被动转型，曾让我一度忧心焦虑，但结果出乎意料，皆因平时的爱好和长期的积累，得以转向我更喜爱、更有意愿去研究的专业方向。尘埃落定的那一刻，有被认可的喜悦，更有对自己的肯定，没有因别人的评价而怀疑犹豫，也没有白读的书和白白浪费的刻苦。

所以，面对 40 岁的年龄，我特别坦然，因为拥有持续学习的热情和不断生长的能力，让我可以掌控自己的命运，有底气丰富自己的生活、保持感知幸福的情绪，这种生长的喜悦是对抗衰老最有力的武器，正如木心

所说，“岁月不饶人，我亦未曾饶过岁月”。

时间会回答

我是一个不喜欢说教的老师，即便指导学生，也不愿意给出答案，更希望听到思考的声音。人生不是公式，任何人的“答案”或“标准”都“不靠谱”。如果真的有答案，就藏在毛不易的一首歌词里——“时间会回答成长，成长会回答梦想”。

是的，时间会回答成长。碌碌无为、刷刷手机度过的一天，和积极感受、充实心灵的一天，长度似乎是一样的，可是一个月呢？一年呢？一生呢？

不知道有多少人会每天留给自己一点点的精进时间，比如半个小时的写字、读书、写作、健身或是别的什么目标，两三天肯定看不到任何效果，可一个月坚持下来，足可以有很好的成绩，一年下来足能在业余中脱颖而出。如果再多些年的坚持，在某些领域就可以媲美专业了吧（毕竟一个专业的本科学习，也只有 4 年的时间）。

我常常听到练习书画的朋友问老师，写字画画有没有什么捷径呀？老师回答“捷径就是多多练习”；我自己学插花的时候，总是沮丧固定不住瓶花的枝条，老师说，插过 20 个作品就会掌握了；我惋惜某些人，凭一腔热血报名某项兴趣爱好，又以“没有时间学习”为理由半途而废。其实，哪有一种成长是轻轻松松的呢？我们看到很多优秀的人，羡慕他们的机遇，感叹他们的成绩，却没看到他们背后的努力。还记得我们从小背诵的古文《劝学》吗？“ 骐骥一跃，不能十步；驽马十驾，功在不舍；锲而舍之，朽木不折；锲而不舍，金石可镂。”

有句俗话，“活得明白的人都是和自己死磕，不与别人较劲”。而梦想是人生道路的坐标，每一个刻度都在见证成长。努力了很久还没获得认可的工作、练习了很久还没能进步的爱好、流了很多汗还没减下来的体重，都不要着急，留给时间，时间会回答。

幸好来了

我为朋友推荐过森下典子的书《日日是好日》，作者坚持

25年日本茶道的修习，将茶的精神力量融入生活观察的感悟，增长了更多的人生智慧。典子小姐喜欢茶道，我坚持了7年持续学习插花，我身边还有很多女性朋友坚持以某种兴趣爱好的学习，作为能量的充电和心灵的滋养。

成年人的学习都是主动的选择，来源于兴趣的能动性。对于兴趣，很多人容易忽视它的存在，认为是无用的“闲事”。殊不知，兴趣是情感宣泄的出口，是生活情趣的调味剂，是个人精神世界的格调。张潮在《幽梦影》中写道:“花不可以无蝶，山不可以无泉，石不可以无苔，水不可以无藻，乔木不可以无藤萝，人不可以无癖。”没有兴趣爱好的人更易觉得人生艰辛，生活乏味。正如东坡与友人夜游感慨，“何夜无月，何处无竹柏，但少闲人如吾两人耳”，心无所依，面对生活的磨砺，怎能换取如此宁静怡然的心境？那些把兴趣排在柴米油盐、赚钱养娃之后的女性，那些声称很忙、准备退休后把兴趣用来消磨时间的女性，不如给自己一个奖励，用时间换取近距离的感受。毕竟，女人最聪明的投资永远是投给自己，如果你在学习的路上彷徨犹豫，“幸好来了”，将收获一种终身的财富和与幸福相伴的秘籍。

生活中总有一段一段的旅程，“幸好来了”是新的开始，“幸好来了”也是中途的打气。

无功利的坚持是门困难的功课。典子小姐25年的坚持过程中，也有顶着巨大压力的时刻或是想要终止的疲惫。可是，每次学习，即便是成绩不理想，也能在其中感受到自己的成长和进步，吸收新的能量也真的幸福感爆棚，想到这里，总有个念头闪过，“幸好来了”。

“幸好来了”，是给心有梦想的你以鼓励和约束，因为只要对自己有要求，就必须面对爬坡的困难。没有最艰苦的训练，永远也无法尝到最自由的滋味，无论用多长的时间完成领悟，背后都是看不见的付出，一旦到达随心所欲不逾矩的阶段，才能够真正享受学习的乐趣和成长的幸福。

时间会积攒力量，回答成长，在生命中的某个时刻回报给你惊喜。愿每一个不甘平凡的你，都能自带光芒；愿每一个渴望精神富足的你，都能在学习中感受充实和快乐；愿每一个以各种理由拖延、停下脚步的你，都能够鼓足勇气，踏出舒适圈，一起期待时间给予的力量。

做自己的女神

没注意从什么时候开始，大家把“妇女节”改成了“女神节”。所有女人在这一天都可以坦然接受被唤作“女神”，可是节日过后，“女神”就又变成高高在上的门槛。对平凡如你我的女性来讲，似乎接受了自己离“女神”越来越远的距离，可问题是，到底是谁给“女神”确定的标准和定义？

在中国，做女神有点难

社会如此多元，但中国女性身上的压力却是二元的：一方面，我们受到西方“女权主义价值观”的冲击，提倡女性经济独立，勇敢追求梦想和事业，不做男性的附庸；一方面又受到“中国传统价值观”的影响，做贤惠的妻子，温柔的妈妈，幸福三代人。我的妈妈，对我从小灌输“女人都会做的事情你就不要去做”，一心想把女儿培养成精英，结果我结婚之后，马上换上另一套价值观，不管我的工作有多忙碌，一见面就教育我“男人有事业，不做家务是应该的”“女人就该照顾丈夫，就该多做家务”，前后施教之矛盾，常常弄得我心里窝火。

中国社会在快速发展，对女性的要求却有失公平：做女神，要内外兼修、肤白貌美高学历；要上得厅堂，下得厨房；要讲求生活情调，又要勤俭持家；回到家温柔体贴，在职场勇于拼杀。符合标准的，不是超人就是精神分裂，这样的“女神”，想想都可怕。

做自己的女神，拒绝别人的标准

很多公众号上转载过张泉灵接受记者采访时的一句话，面对记者“如何平衡事业和家庭的关系”的提问，她直接怼回去：“为什么一定要女人去平衡事业与家庭，为什么采访男性创业

者的时候，没有人会问这个问题？”

首先庆幸能够生活在这个时代，要知道，经过几千年的努力，“两性平等”的概念才得到重视和认可，又得益于特殊的国情国策，才让这个时代的中国女性，平等享有受教育的权利，有机会拥有完整的终身事业。

所以，值得骄傲的一方面，中国女性的工作比例在全世界排名第一。这意味着中国女性拥有较高的知识水平和生存能力，意味着更开阔的视野和格局。可另一方面，中国女性努力争取的权利和地位，还在被各种来自家庭和社会的传统观念困扰，适龄女性被催婚、催生，职业女性被要求平衡事业和家庭，全职太太也会遭受各种危机言论的攻击。

问题又回来了，这个社会，是谁在给女性的“完美人生”确定标准？是谁说女性就不能享受“单身”的精彩、“丁克”的充实？是谁说离婚的女性就丧失了追求幸福的权利？是谁评判职场女性与全职太太谁高谁低、怎样的相互鄙视？是谁有权利拿标尺对我们的人生评头论足、说三道四？

我自认为是个比较有主见的人，可也只有近“不惑”的年纪，才真正懂得自我意愿的可贵，学会遵从内心。而对那些尚处于纠结与自我否定中的女性，我很想大声告诉她们：“没有人有资格规划我们的人生，除了我们自己！”生活是自己感受的，有人能分享你的快乐，却没有人能真正分担你的愁苦和失落。这个社会越来越宽容，新的时代赋予女性更多“个性”，女性的自我意识也应朝着“个性化”的方向发展。

做自己的女神，敢于对所谓的标准说“不”，毕竟，能伤害你的，不是别人的言语，而是你自己的感受。“我不要你觉得，我要我觉得”，这不仅是一个梗，还可以成为一种人生态度。

做自己的女神，一边谋爱，一边谋生

女神节的另一个重点是礼物。我不知道是不是所有女性都会对礼物有“执念”。

结婚十几年，因为对待礼物态度的不对等，我和先生吵架的次数实在太多了。我追求品位和格调，送出的每一个礼物都要精心挑选，都要先让自己感动。相比较，理工科先生的礼物总是感觉不走心，或者一忙起来，干脆转个不痛不痒的红包。

日子久了，开始渐渐明白，对礼物抱有幻想和期待的女人，还在把幸福感建立在他人给予的“依赖关系”上，就像小时候羡慕有些女孩像公主般享有来自家庭或仰慕者的优待，长大之后才接受了事实，并非天生公主的女孩，连做梦都是浪费时间，不如用最靠谱的方式努力奋斗。

我推崇女性经济上独立自主，经济独立，人格才能独立；人格独立才有爱的能力，才更懂得回报和感恩。礼物，自己买给自己，才是更好的选择。

现代社会女性所得到的尊重和权利，不再取决于财富，更取决于个人的社会地位和生存能力。前段时间看到了一些关于离婚率上升和离婚财产分割方面的报道，大数据显示，女性提出离婚的比例已经远远大于男性。我觉得这些数值某种程度上代表了社会的进步，天性追求平稳和安定生活的女性，之所以有勇气选择结束婚姻，最大的底气，还是来自谋生的本领。

不是鼓励女性只追求事业不追求爱的权利，也不是鼓励任性自私、不顾家庭责任的行为。爱和责任，我们都可以付出，甚至可以选择放弃某一方面的既得利益，前提是——我愿意，我有选择的能力。就像蔡康永老师在他的情商课提出的观点：

“如何判断一个人活得好不好，最简单的标准是看这个人活得有没有选择，因为有选择，是感觉幸福的基础。”

当你还在爱的道路上寻寻觅觅，谋生的能力是女人的底气，是不将就、不委屈自己做出选择的从容，是能把单身生活过得多姿多彩的能力。当你沉浸在巨大的幸福之中，谋生的能力依然是女人的底气。恋爱和婚姻中的尊重，来自两性地位的平等关系而不是依附关系，女性的地位来自内心成长，而不是跟男人叫板。否则，漫长的婚姻岁月，总有一方会理所当然，总有一方会小心翼翼。

不管是女神节还是生活的日常，提醒自己，做自己的女神，并为此不断努力。

读书恋爱，永葆青春

结婚十几年，搬了几次家，每次都为书籍量大沉重而犯愁。书柜越买越大，书房装不下，干脆把客厅改造成书房，但买书依然从未犹豫过。每次在书店拿到散发着清香油墨的新书，或是网上购书下单完成的瞬间，就像老妖吸取了日月精华，变得容光焕发，爱读书的女人不会变老。

为什么要买书

与新书相约的缘分很奇妙，有的时候，刚买来的新书可以快速阅读完毕，而很多时候，买来的书根本没有时间去读，带着塑料薄膜的包装，长久站立在书架上；很多书翻阅几页，就因文字太过晦涩而放弃，开始漫长的罚站时光；很多书则是带着决心和冲动买下，回到家就失去了阅读的勇气。可是那又怎样？在捧回家的一刻，还是会觉得自己占有了它们。

杨绛先生说：“读书好比串门儿——‘隐身’的串门儿。要参见钦佩的老师或拜谒有名的学者……翻开书面就闯进大门，翻过几页就升堂入室……”它们站在书架上，便是我遇到问题之后，随时可以去请教的智者和先知，我期待在某年某月的某个午后约见他们，我会因未知世界触手可及的等待而内心充实、踏实。生活和生命因书的存在变得丰富起来。

读什么样的书

阅读，是最好的身心安慰剂，教我们不受惑也不逾矩。

读书，一方面来自兴趣，一方面来自需要。关于选书，蔡康永的心得是：选那些你有点看不懂的书，胜过看那些你一看就懂的书。读书的乐趣在于让视野变得不一样。

也有人说，30岁之前读书要“杂”，30岁之后读书要“专”，在我看来，如果不是研究型的学者，“不专”才有乐趣。不专的书能扩展眼界与格局；不专的书让人有挑战自己的激情和啃下硬骨头的成就感。

在关于历史的著作里读到古人的精神气节，学会以生命的长度来衡量权力与欲望、真理与坚持；在文学美学的书籍里读到对生活观察的角度，学会用心感受、感悟和感动；在哲学书籍中学会思辨，站在哲人的角度独立思考；在经济、管理类的书籍里读到对社会问题的关注，学会关心时政紧跟时代的脉搏……都说女性爱读的书免不了小情小调，“不专”才能不限于女性视角，让女性从自我观照和关注小家庭的格局中跳出来，才能多学科融会贯通，把握看世界的高度、深度和广度。

该如何读书

宗白华先生说：“哲学求真，道德或宗教求善，介乎二者之间表达我们情绪中的深境和实现人格谐和的是‘美’。”如今，读书不只是一个人的幸福了，2016年我开始策划并主持了“美悦读”读书会，线上线下同步，以“文学之美”“艺术之美”“生活之美”“心灵之美”为阅读主题，紧密契合女性的生活需要和心理需求，“美育引导美好生活，美学滋养心灵成长”，只要能让我们心流涌动的好书，都被我列入了女性书单，都是选择的范围。实践证明，群体阅读比独自阅读的持续性更强，把好书分享给朋友们一起阅读一起交流，就像把好朋友介绍给好朋友，“独乐乐不如众乐乐”。

当“闲读”变成“领读”，读书有了责任，不免对“怎样读书”有了更多思考。一位学者告诉我，先要把书读“厚”，每读一段，做笔记、查资料、写心得、摘抄佳句，所谓“不动笔墨不读书”，边读边学；接下来，则要把书读“薄”，自己归纳、分析、总结，一本书的中心思想、核心要义，都可以浓缩成精华。“盖以我观书，则处处得益”，动了脑才能入心，消化好才能吸收。若是等别人喂食流水线生产出来的知识快餐，实在成分有限，偶尔充饥尚可，多吃难免营养不良。

李敖先生分享的“大卸八块读书法”，把书中重点内容分类剪贴，也有趣，但我可舍不得宝贝们。我觉得读书的真正价值在于深度思考、思想碰撞、用心体悟并指导生活实践。女性的心理和生理特征显示，女性具有与人倾诉、分享、探讨、咨

询的需求，在阅读过程中相互交流、共同成长，恰好可以解决深度阅读和生活实践应用的难题，古今学者都强调融会贯通，把所学结合生活所用，就远胜狗熊掰苞米。

读书的好处

几天没看书，心里就会空落落的，一旦落笔码字或与人深谈，就觉能量不够，空洞乏力。想要持续输出，就要坚持输入，书籍确实是必不可少的养分，定时定期提供身体必需的能量。刘向说“书是良药”，高尔基说“书是面包”。我记得有一个中秋夜，边吃月饼边读一本有趣的书，想起苏轼的诗来，在书页上写下“读书如嚼月，中有酥和饴”，书比药好吃、比面包精致。

“腹有诗书气自华”，深以为然，书比美容面膜好用。

从女性成长的角度，一个女孩在青春期发育之后，会以很多女性作为成长的榜样，来自书中的女性人生故事——姚木兰、郝思嘉、伊丽莎白·班纳特——有人一生幸福，有人各种坎坷，有人柔情智慧，有人勇敢大度，每个人的性格不同，人生道路不同，留给我们不同的人生启示和可以参照的幸福标准。

读书的感受

有句俗话形容有内涵的女性——“好女人是一本书，一生都读不完”。可在我眼中，每本书都像一个恋人，每读一本书，就像谈一场恋爱。

有的书写得轻松幽默，就像温柔的暖男，读书的过程非常快乐，不自觉就浮起微笑；有的书深沉稳重，就像阅历丰富的兄长，讲道理时有些烦闷枯燥，但只要耐着性子慢慢理解，在他的帮助下，成长会更加迅速；有的书读起来很辛苦，就像与生活背景差距比较大的偶像恋爱，读的过程懵懵懂懂，但因带着仰慕和崇拜，苦也会变成甜；有的书看起来很有深度，但细品之后发觉肤浅，过程快速也平淡至极；有的书一读再读，不忍割舍，藕断丝连；有的书读时精彩但没有深度，就像恋爱的过程绚烂但没有心灵的共鸣；还有的书翻翻目录就知道“不是我的菜”……

都说恋爱是女人永葆青春的秘诀,非常幸运,爱读书的女人,永远在恋爱中。

写字生活，起承转合

在书法的历史上，隶书可以说是特别的存在。隶书笔画有个专有名词叫“波磔”，还有我们熟悉的成语“一波三折”，都是用来形容隶书水平线条的走势。小时候，母亲教我学写隶书，横画被要求反复练习，练好了波磔，一笔定乾坤。可那时，根本无法理解书法线条的美，甚至觉得矫揉造作，好好的笔画为啥要“欲上先下”、起伏不定呢，而且篆刻在石碑上的文字，笔势也太沉重，与现在的文字书写状态相差十万八千里，所以一直以来，对隶书没有太多的兴趣与好感。

前些天，与一位书法爱好者聊到兴处，铺纸研墨，探讨起笔画的线条之美，再一次执笔走出波横，笔下的感悟已经全然不同。“一波三折”，不就是一出精彩的人生过往和经历吗？

起笔“蚕头”顿捺，如人在青年，积存力量蓄势待发；涩笔行进就如奋斗拼搏，缓缓上行、成就拱起；到达波峰之后，运势转下，也如人生，不如意十之八九，有起就有落，否则又何谈精彩呢；待收笔之时正如年龄步入不惑，再次飞扬，抛开压力与欲望，真正为自己而活。回过头再欣赏，蚕头雁尾的波动下，楚汉的浪漫气质，完美融合在升腾飘逸的韵律之中。

非但隶书，其他书体也如此，书法线条中的美学和智慧，看似简单，却非要经过一段岁月的洗礼，才能更深地理解、感悟。成年人看待书法，不只艺术，不只技术，更是一种陶冶性情、平复情绪的方式，一种对待生活的态度。所以，书法是一种修养，提笔写字，也是生活中的修行。

写字，写的是心情和心境

古人写字是要从研磨开始的，现代人使用墨汁方便快捷，却也缺少了一份书写之前的仪式感。用纸镇铺平宣纸，取砚滴注水，拿墨块在砚台上轻轻研磨，把浮躁、焦虑和杂念都揉化在逐渐细腻的墨汁中，用清水把毛笔润开、蘸墨、书写。运笔过程中，每个字、每个笔画的笔法、章法，都需要凝神静思、用心布局，用最柔软的笔，写出最具张力的线条，笔墨在宣纸上游走，呼吸吐纳，如太极推手，如运气舞蹈，把外界破坏我们内心平静的法则和评价标准通通丢在一边，让头脑彻底放空，得到身心的愉悦。

有人说，高品质的生活需要宁静，而在笔墨的世界，更容易做到从容、优雅。

古今优秀的碑帖、精美的文房用品、适宜书写的优雅环境，都能带给我们美的享受，是生活的美学，这种日复一日美的滋养，让心灵得到净化与超然。在心情愉悦的时候写字，是情感的抒发；在心情不好的时候写字，书写变成对抗压力和失意最有力量的武器。在我有限的人生经历中，也不免数次艰难，内心最脆弱的时候，我拿起了毛笔，用小楷一遍遍书写《心经》《道德经》，平复心中的情绪。那时的我，如此庆幸与书法早早结缘，更加懂得珍惜每一个看似波澜不惊的平淡日子，更加理解每一笔线条背后的坚韧力量。

写字，品尝生命中的寂寞

日本茶道大家森下典子将25年的习茶生活记录在《日日是好日》一书，漫长的岁月与茶相伴，修习茶道带来的改变和生活中的小确幸处处流淌着幸福。可在文章的后半段，事业的困惑，感情的失落，同修的精进而自己却在来来去去的上课中不断重复相同的错误，遭受老师的批评，让作者丧失自信，甚至产生过终止学习的念头。

其实无论茶道还是书法，成年之后，每一次投身兴趣爱好或者有目标的奋斗，都会有一波三折的经历。刚入门时的欣喜、初见成绩的兴奋，然后接踵而至的，必然是停滞期的疑惑、想要放弃的沮丧。人群中的大多数，没能熬过艰难上升期，泄下气来、败下阵来。

写字，是一个人的寂寞。一遍遍地重复，只能由自己完成、自己感悟。坚持，就是一种吃力的爬坡，也许离有风景的山峰仅有几步之遥，就看谁能坚持到最后看到更美的风景。书法如此，人生亦然。以何种方式独处，才是决定闪亮或平淡的关键，是人生中重要的功课。

写字，是自我认同的过程

朱光潜先生说：“人生本来就是一种较广义的艺术。每个人的生命史就是他自己的作品，这种作品可以是艺术的，也可以是不艺术的，……分别全在性分与修养。知道生活的人就是艺术家，他的生活就是艺术作品。……这种艺术的完整性在生活中叫作‘人格’。凡是完美的生活都是人格的表现。”年轻气盛时的我们，都有对成功的渴望，大部分的焦虑和不甘，也都来自各种比较。可生活中难免有苦难，笔墨里也难免有沧桑，或喜怒忧悲，或从容以对，或静定生慧。刘熙载在《艺概》中也说过，“笔性墨情，皆以其人之性情为本”，以何种风格书写，字如其人，无法复制。

写字，教会我们认清自我。临摹碑帖是学习书法的必经之路，在无数次与古人笔墨线条的对话中，保持敬畏、保持谦卑，又要保持不断完善自己的决心，才有可能进步。艺术是如此主观、如此感性，正如真正的“优秀”和所谓的“成功”，无法简单评判。也许，活成别人眼里的传说，不如自身积极进取又知足常乐。

写字是一种“付出就有回报”的体验。“时间看得见”，只要坚持，总会一遍比一遍更好，每天都看得到进步。与自己比较，更容易获得满足和幸福。虽然在行进的过程中会有或长或短的停顿，但再过些时候，又会猛然进步。在逆境时不忘提醒自己，“停顿”其实是潜意识在积蓄力量，正如很多看似无用的工作、功夫，都在一点一滴的积累中增加我们的本钱，以挑战更大的可能。

日子要慢慢过，字要慢慢练。书道就是修行之道，人生也不过起承转合。

享受独处

我觉得：独处，不是一个时间或空间的概念，不是一个人呆坐，也不是一个人游荡，更不是“一个人的孤独”；独处，是一种心理状态，是有意识的自我选择，选择一种与自己相处的方式和态度。

曾经在极度忙碌过后给自己彻底放假，一整天宅在家里，睡觉、追剧、点外卖，我以为能得到身心的极大放松，结果却是疲惫感挥之不去，空虚感接踵而来；曾经的我特别依赖家人，独立性和自理能力都很差，后来，为了读书进修，迫不得已一个人生活在陌生的城市。而现在的我，学会享受上一秒还在键盘上敲写论文，下一秒换上衣服去跑个步，再忙里偷闲给自己做顿美食，不同的频道切换才更轻松有趣；现在的我，享受一个人旅行、一个人看剧，随心所欲，不必迁就和为难别人，独处，变得真正有价值和意义。

独处的方式——可以将思绪放空

中国人认为：宇宙深处是无形无色的空虚，老庄所倡导的“道”，也是虚无的，这份虚无就是精神和灵魂，存在于我们的头脑深处，却有主宰万物的力量。每一个厉害的人身上都有孤独的气质，是因为厉害的人都懂得与自己的灵魂好好相处。

允许它打盹，瞬间空白，据说在这种状态下，大脑的休息，远胜过质量不高的睡眠；佛教的禅定和瑜伽的冥想，皆是独处，灵魂得到充分的滋养，才会更加茁壮成长。允许灵魂漫无目的地游走，“身未动”“心已远”，只要灵魂在路上，诗和远方就不一定要靠脚步丈量。

用来放空思绪的方式还有很多：跑步中，倾听呼吸的声音；舞蹈中，用身体释放当下的情绪；绘画时，将色彩涂在纸面和眼底；读纸质书，随着情节代入喜怒哀乐；喝茶时，煮水、投

茶、冲泡、出汤……调整心绪和呼吸，慢下来，再多的烦恼都可以抛诸脑后。

中国文化里特别强调“由静生定，由定生慧”，紧绷的精神和疲惫的灵魂让人知觉混沌，需要停下脚步来独处——在独处中，学会思考和判断；在独处中，学会接受和放弃；在独处中，学会隐忍和等待；在独处中，体验幸福当下的滋味。

独处的方式——可以与自己的灵魂对话

庄子有句名言“独与天地精神往来”，人只有在独处时，才能真正与生命、宇宙对话，遨游于天地间，摆脱嘈杂的尘世，窥见真正的自我。你快乐吗？有什么难忘的事情发生吗？你认识了有趣的人吗？你今天感到幸福了吗？

每个人与灵魂对话的方式不同，我喜欢读书或码字，绝不是读专业书或写论文，是读陶冶情操的闲书或码上细细密密的生活感悟。要点就是，这个过程仍旧只有你和灵魂相伴，由灵魂牵引，带你去往另一个深度的自己。也许有一天，你会发现，原来自己也有让人羡慕的有趣灵魂，藏在看似忙忙碌碌的日子后面。

巴金先生说："我写作不是我有才华，而是我有感情。"真正的生活质量来自让我们感动、共鸣、发现的部分，这才是灵魂的生活。用文字记录，不断输入和输出，与生活深度连接，普通的人生经历，用心总结，也都是举重若轻的真理，也都是千帆过尽之后的幽默和睿智。更何况，思想和精神也是生长着的，无影无形，若不用同样来自灵魂的方式记录，它们就会消散在空气中，抓不到、留不下，也察觉不到它们日复一日的变化，白白增长年岁。

我很喜欢一家独立书店的名字，叫作"晴耕雨读"，中国知识分子的生活理想就在这样快节奏的生活中展现出独特的人文魅力。努力工作，努力读书，无论外界环境如何变化，只要心中有所热爱，无论是事业还是兴趣，都能让我们具备独处的能力，找到可以安放心灵的方式，活得更加自在。

独处的方式——可以是一个人的修行

在日本参加花道学习时，认识了两位古稀之年的教授，得体的服饰、精致的妆容、优雅的气质谈吐，让人艳羡不已。不小心得知，她们皆是单身的状态，可是在她们的脸上，没有一丝哀怨、愁苦，周身散发出被满满幸福感包围的光泽度，原来只要心中有爱，独处，也能让人如此丰盈。日本传统美学“侘寂”中的“侘”字，引申出离群索居和享受孤独的意味，日本茶道的“侘茶”，不仅指独处时消受孤寂，也指在人际交往中感受并享受孤寂。

年轻的时候，喜爱繁华热闹，特别害怕孤单，害怕被人遗忘；年轻的时候，总觉得别人不理解，总有委屈牢骚。人生的漫漫路途，我们习惯有人陪伴，父母、挚友、伴侣，可是成长中的某一天，不得不承认，有些选择，只能靠自己取舍，有些经历，只能一个人面对，有些感悟，只有自己可以说服。

当一群人在一起时，我们习惯于各种比较，容易陷入骄傲自满或自我厌弃的两种极端。当我们一个人的时候，反而更加独立自立，更懂得宽容他人和接纳自己，认同自己存在的意义。日本畅销书《女性的品格》中，有这样一个观点：“如花朵般不与他人比较，只在所处之地一个劲儿地绽放自己的女性，才是真正知道爱自己的女性。”对自己的认同，关注点应在如何自我“绽放”，而不是与他人做比较。“修行在个人”，原来还有另外层面的解释，在面对同样的事物时，不同的人会有不同的理解和感悟，灵魂的深度可以无止境地探索。在主动或被动中，成熟的女人终将学会独处，学会在生活中以自己一点一滴的积累到达领悟，把注意力倾注到内心深处，找到真正值得自己付出的人和事，于是，变得自信强大，懂得为自己而活。

独处，用自己的方法创造属于自我的成长路途，无论是高朋满座还是独自一人，独处就是独处，默默放空或全神贯注，世界为之静止，我与灵魂同步。